I0696958

NAIGO
presenta

AFFITTO PER TUTTI

di Avv. Barbara Nannerini

Questo libro non è un testo per esperti di locazioni abitative e non si rivolge ad un pubblico di persone che hanno contezza della terminologia tecnico giuridica. È un manuale/guida pratica semplificato nei concetti e nelle spiegazioni per essere alla portata di tutti, dedicato a chi nulla sa di locazioni abitative e vuole capire meglio che cosa significa in linea generale prendere o dare in locazione una casa in termini di diritti e di doveri. Il testo e le informazioni e/o i documenti contenuti in questo libro hanno pertanto uno scopo esclusivamente informativo, non rappresentano né garantiscono che otterrai risultati uguali o simili, e non costituiscono consulenza legale e non dovrebbero mai essere utilizzati senza prima consultare un avvocato per determinare ciò che può essere meglio per le esigenze individuali e specifiche. L'esercizio dei diritti di conduttore e/o di proprietario va sempre e comunque rimesso alla valutazione di un professionista che dovrà esaminare fatti e documentazione relativa alla situazione in oggetto. Il contenuto di questo libro non deve essere inteso, né costituisce, una consulenza legale e non determina alcun rapporto avvocato-cliente.

L'autore ha curato le informazioni contenute nel libro affinché rispondano a requisiti di attendibilità, correttezza, accuratezza e attualità. Nella misura massima consentita dalla legge, l'autore declina ogni responsabilità nel caso in cui qualsiasi informazione, commento, analisi, opinioni, consigli e/o raccomandazioni contenute in questo libro si rivelino incomplete o non sufficientemente esaustive o chiare, nonché per eventuali errori od omissioni o inesattezze di tali informazioni di qualsiasi tipo e per qualunque tipo di danno diretto, indiretto o accidentale derivante dalla lettura o dall'impiego delle informazioni pubblicate, o di qualsiasi forma di contenuto presente nel libro.

da NAIGO - Aziende Digitali Proprietà Letteraria Riservata
© 2023 NAIGO - Aziende Digitali affitto per tutti scritto da Barbara Nannerini
I Edizione ottobre 2023

Progetto Editoriale di Maria Beatrice Alonzi e Francesco Guglielmi
Project Manager Nancy Gamih
Copertina di Maria Beatrice Alonzi
Foto di copertina di Daniele Fiore

NAIGO Aziende Digitali è uno Studio Fiscale Legale di avvocati e commercialisti diretto da Luigi Andrea Carello, Dottore Commercialista e Revisore Legale, e da Barbara Nannerini, Avvocato.

Naigo Aziende Digitali – Studio Fiscale Legale Carello & Nannerini

Via Lorenzo Respighi 13, 00197, Roma
info@naigo.it

Ci trovi su tutte le piattaforme social come @aziendedigitali

PREMESSA

Nel corso della nostra lunga esperienza professionale nel campo legale e fiscale, abbiamo assistito a innumerevoli situazioni in cui affittuari e proprietari si sono trovati invischiati in dispute legali e malintesi, spesso causati da una mancata conoscenza o consapevolezza dei rispettivi diritti e doveri.

L'esperienza maturata sul campo e le tante domande che ci sono state poste sull'argomento sui nostri canali social sono il motivo che ci ha spinti a elaborare **una guida pratica**, con l'obiettivo di fornire a chiunque si avventuri nel mondo degli affitti gli strumenti necessari per affrontare con successo queste sfide.

Crediamo fermamente che, con un'adeguata preparazione, sia possibile evitare molte situazioni problematiche e che si possano creare rapporti di locazione più equilibrati e soddisfacenti per entrambe le parti coinvolte.

Questo manuale ti aiuterà ad essere più consapevole e più formato (sì, hai capito bene: formato 🙂) sui tuoi diritti e doveri.

Questo manuale **non ti insegnerà come evitare di pagare l'affitto** e non è un'enciclopedia di diritto. Abbiamo cercato di rendere le cose chiare, semplici da comprendere e, soprattutto, utili.

Quindi, *cos'è questo testo?*

Un manuale pratico che spiega cosa devi fare prima di affittare una casa, cosa non devi mai fare mentre ci abiti e come tutelarti in modo intelligente per evitare problemi legali, anche quando dovessi lasciarla.

Affittare una casa apre un mondo di porte e finestre, sia letterali che giuridiche: un'immensità di norme e specifiche che potresti non conoscere, situazioni che potrebbero portarti a prendere decisioni avventate, l'urgenza, dettata dalla disperazione, di accettare condizioni contrattuali particolarmente gravose senza riflettere e, non ultima, la mancata valutazione delle conseguenze.

Magari ti sarà già capitato di affittare una casa o un appartamento che non era mantenuto a dovere dal proprietario, o con un canone superiore alle tue possibilità e, per di più, con costi fissi di gestione elevati.

«Non avevo notato tutti i difetti della casa prima di firmare il contratto, ma ormai è troppo tardi...».

«Tanto se non ho i soldi, non pago l'affitto!».

«Passerà un sacco di tempo prima che mi buttino fuori...».

«La casa è in pessime condizioni, ma non ho alternative; se il proprietario non sistema le cose, smetto di pagare e vediamo chi vince!».

Ecco, **tutto questo è proprio ciò che devi evitare.**

Errore: Non capire, non sapere, non vedere, non chiedere.

Soluzione: Imparerai in questo testo a documentarti, a **chiedere** ciò che ti spetta, a **leggere** attentamente il contratto che ti viene proposto, a **negoziare** i termini prima di firmarlo, a **pretendere** dal proprietario ciò che hai diritto a ricevere – **rispettando gli accordi** presi in modo corretto – e a **capire** come gestire il pagamento dell'affitto se qualcosa non dovesse andare per il verso giusto.

CHIEDERE – LEGGERE – CAPIRE – NEGOZIARE – PRETENDERE – RISPETTARE

Ecco quello che ci prefiggiamo di darti: la sana consapevolezza di ciò che puoi e non puoi fare, nel rispetto della tua dignità e delle regole, conoscendo gli strumenti che la legge ti mette a disposizione se fai le cose per bene.

Sarà un lungo percorso, ma noi siamo qui per questo.

Per cominciare, ti basta voltare pagina.

PICCOLO GLOSSARIO

Di seguito troverai un piccolo glossario che ti servirà per comprendere e utilizzare i termini nel modo più corretto.

Spesso faremo riferimento a leggi e norme che regolano i diversi tipi di rapporti tra proprietario e inquilino, quindi alcune precisazioni ti serviranno a evitare qualsiasi tipo di lecita confusione.

1. Quando parliamo di "affitto", ci riferiamo alla **locazione**.

   Nonostante i due termini vengano spesso utilizzati come sinonimi, hanno un significato giuridico diverso: **l'affitto** indica *beni produttivi* (mobili o immobili), ovvero **beni in grado di produrre ricchezza** (ad esempio un terreno, un'azienda); **la locazione** indica *beni immobili non produttivi* (anche se potenzialmente, per legge, nulla vieta loro di diventarlo), come case o appartamenti, il cui scopo è quello di viverci. A partire da ora, privilegeremo l'uso del termine "locazione", che rappresenta una definizione giuridicamente più precisa. Tuttavia, continueremo a utilizzare il termine "affitto" in determinate circostanze poiché vogliamo rendere il libro accessibile a tutti. Nonostante il termine "locazione" sia più appropriato in un contesto legale, "affitto" è di uso comune nella stragrande maggioranza dei casi, e lo useremo quando lo riterremo più idoneo. Dopotutto, il titolo del nostro libro è *Affitto per tutti*, non *Locazione per giuristi* ☺.

2. Per lo stesso motivo di cui sopra, inseriremo precise indicazioni sulle leggi o sentenze di Tribunale alle quali ci stiamo riferendo solo se lo avremo ritenuto estremamente necessario. La locazione è regolata a partire dall'articolo 1571 al 1654 del Codice Civile, e citarli tutti – con annesse aggiunte e sentenze specifiche – renderebbe questo libro impossibile da leggere.

3. Per non perderci in troppe precisazioni, utilizzeremo i termini "casa", "appartamento" e "immobile" come sinonimi.

4. Cercheremo di usare il più possibile i termini legalmente più corretti per riferirci alle parti che compongono un contratto di locazione, cercando di influenzare il meno possibile la fluidità del testo: chiameremo il proprietario di casa **"locatore"**, mentre chi prende in locazione l'immobile sarà il **"conduttore"**.

5. La somma che si versa al locatore e che solitamente viene indicata come "affitto" verrà chiamata col termine legalmente corretto: **"canone di locazione"**.

Se dovessi smarrirti all'interno del testo, puoi sempre tornare qui e recuperare il filo del discorso!

Abbiamo diviso il libro in **quattro parti**, che seguono la consequenzialità di tutte le fasi che potresti dover affrontare nell'intero arco di una locazione:

1. La ricerca della casa.
2. Tutto quello che devi sapere prima di firmare il contratto.
3. I problemi che potrebbero sorgere durante la locazione.
4. Tutto quello che devi sapere quando – volente o nolente – devi lasciare la casa.

Alla fine della maggior parte dei capitoli troverai **una piccola sintesi** e **una mappa concettuale** – o una tabella – che riassumono in poche parole i concetti più importanti della sezione che hai appena letto!

Sei davanti a un'impresa che potrebbe sembrarti davvero ostica, e sicuramente, qualche argomento ti metterà in difficoltà per la complessità del tema trattato. **Non ti preoccupare e non arrenderti.**

Andando avanti nella lettura, comprenderai a mano a mano ogni principio, regola, dinamica.

La giurisprudenza è una materia *peculiare*: è solida ma allo stesso tempo si comporta come una "sostanza fluida" in cui ciascun concetto si collega a un altro e a un altro ancora, e così via.

Non scoraggiarti, poiché la tua dedizione sarà premiata con una comprensione sempre più profonda, che ti porterà enormi vantaggi per tutta la vita.

In fondo, abbiamo sempre bisogno di una casa in cui vivere, no?

INDICE

PRIMA PARTE

1. LA CASA PERFETTA: La ricerca della casa tramite siti web e agenzie immobiliari

Sei davanti al tuo smartphone o al tuo computer e stai per avviare la ricerca per trovare la tua casa perfetta.

Lo stress di contratti, proprietari da convincere e garanzie da offrire è lontano.

Adesso ti pervade una certa emozione, una strana frenesia davanti a un'entusiasmante prospettiva di cambiamento!

E magari per questo decidi di farti un giro sul web tra centinaia di siti di annunci immobiliari.

«In fondo, siamo nel ventunesimo secolo, chi ha bisogno di un'agenzia immobiliare?».

È un pensiero legittimo: trovare casa in autonomia ti fa risparmiare sul compenso di mediazione (la *provvigione*) che dovresti dare a un'agenzia immobiliare, ma ci sono dei rischi che devi calcolare.

Oltre al fatto che la tua ricerca potrebbe produrre meno risultati – sono sempre di più i proprietari che preferiscono affidarsi a dei professionisti per gestire la negoziazione e la stipula del contratto di locazione, al fine di evitare errori di cui potrebbero pentirsi –, **devi fare attenzione a ciò che trovi sul web!**

È fondamentale saper riconoscere l'attendibilità di un sito web o di un annuncio, perché è facile cadere in truffe o perdere tempo inutilmente: dietro lo schermo potrebbe trovarsi un qualsiasi Totò pronto a venderti la Fontana di Trevi, come nel famoso film!
Ecco alcune linee guida che potranno aiutarti in questo processo.

- **Controlla la qualità del sito web:** fidati di un sito web ben progettato, facile da navigare, con contenuti chiari e precisi e informazioni dettagliate sulle proprietà in affitto, comprese fotografie di alta qualità e descrizioni dettagliate.

- **Controlla le pagine dedicate ai termini e condizioni di utilizzo e accesso al sito web tramite registrazione, politica sulla privacy e informazioni di contatto:** queste pagine sono fondamentali – e anche obbligatorie – per capire come il sito web gestisce i tuoi dati personali e quali sono i tuoi diritti. Inoltre, un sito web legittimo dovrebbe fornire un contatto dell'organizzazione, ad esempio un numero di telefono o un indirizzo e-mail.

- **Controlla le recensioni online:** le recensioni online possono essere un ottimo modo per valutare l'affidabilità di un sito web; cercale su piattaforme come Trustpilot o Google Reviews. Tieni presente, però, che non tutte le recensioni potrebbero essere reali. Fai particolare attenzione a recensioni troppo positive o troppo negative, e cerca invece recensioni moderate e dettagliate.

- **Controlla la coerenza degli annunci:** se un sito web ha molti annunci che sembrano troppo belli per essere veri, potrebbe essere un segnale di allarme. Inoltre, se gli annunci sono scritti in un cattivo italiano, o se presentano un linguaggio troppo formale o impersonale, potrebbe essere indicatore di una truffa.

- **Fai attenzione ai prezzi:** se un prezzo sembra troppo basso per essere vero, probabilmente lo è. Un prezzo molto inferiore alla media del mercato può indicare una truffa. È consigliabile farsi prima un'idea del prezzo medio del mercato per le proprietà simili in quella zona.

- **Verifica l'identità del locatore:** se il sito promuove un annuncio senza agenzia immobiliare, chiedi al locatore dettagli sulla sua identità e sulla sua proprietà dell'appartamento, come ad esempio un documento di identità, un contratto di proprietà o una bolletta.

- **Non inviare mai soldi prima di firmare il contratto:** se il locatore insiste per avere un pagamento anticipato, potrebbe essere una truffa.

È proprio per evitare brutte sorprese e per aumentare le proprie possibilità di trovare la casa perfetta che molte persone preferiscono affidarsi a **un'agenzia immobiliare**.

Affidare la ricerca di un appartamento a un'agenzia immobiliare può essere un'opzione attraente per vari motivi: può farti risparmiare tempo e fatica nella ricerca, nel negoziare il canone di locazione con il proprietario; inoltre, ti assiste durante l'intero processo, inclusa la firma del contratto.

Per questi motivi, molti proprietari decidono di affidare il proprio immobile alle competenze di un'agenzia immobiliare; magari sono state proprio le foto di quella casa a convincerti a chiamare l'agenzia, ma ricorda di considerare anche il tuo budget prima di prendere una decisione, perché i servizi delle agenzie immobiliari non sono gratuiti.

Prima di firmare qualsiasi documento è importante comprendere i dettagli dell'accordo e quali sono le tue responsabilità e i tuoi diritti.

Il tuo rapporto con l'agenzia immobiliare comincia con un **conferimento dell'incarico**, tramite il quale conferisci all'agenzia il potere di rappresentarti nelle trattative con i proprietari degli appartamenti.

Prima, però, è importante verificare che l'agente immobiliare – che ti assisterà nel processo di ricerca dell'appartamento e nella negoziazione del contratto rappresentando fisicamente l'agenzia – sia **regolarmente iscritto al Ruolo dei Mediatori** presso la Camera di Commercio, come previsto dalla legge n. 39/1989 e successive modifiche e integrazioni.

Inoltre, un'agenzia seria **ti sottoporrà un documento da firmare** contenente tutti i dati societari, il numero di iscrizione alla Camera di Commercio, il capitale sociale versato, il nome del legale rappresentante la società.
Assicurati anche che l'agenzia utilizzi un modello di incarico depositato presso la Camera di Commercio della città in cui stai cercando l'appartamento.

Ma come capire tutto questo in completa autonomia, senza l'aiuto di un avvocato?
Ti basta sapere che l'incarico deve essere **chiaro e comprensibile** – quindi dovresti poterlo capire anche tu che non hai una laurea in legge – e **non può contenere clausole vessatorie**, ovvero clausole che ti mettono in svantaggio rispetto all'agenzia o al proprietario dell'appartamento.
Un esempio pratico? L'incarico **non può mai prevedere il pagamento anticipato della provvigione.**
Inoltre, ricorda che **se l'affare non si conclude per motivi che non dipendono da te, non dovrai pagare nessuna provvigione all'agenzia.**
A proposito di provvigione, quanto costano i servizi di un'agenzia immobiliare?
La provvigione è solitamente **una percentuale stabilita in base al valore dell'affare** e comprende anche il rimborso delle spese sostenute dall'agenzia (annunci, telefonate, visite all'immobile, ecc.).
Per di più, devi tenere in considerazione il fatto che se l'affare non dovesse concludersi per colpa tua, dovrai comunque pagare una somma o una percentuale all'agenzia, prevista dalla clausola penale dell'incarico.

Leggi bene la clausola prima di firmare e assicurati che la somma sia sempre proporzionata al valore dell'affare: se stai contrattando per una casa che ha un canone mensile pari a 900€ e l'affare sfuma, non puoi dover pagare una penale di 3000€ all'agenzia immobiliare!

Una volta trovata una casa che ti piace – il cui proprietario avrà a sua volta incaricato l'agenzia di trovare un conduttore –, potresti passare a una seconda fase che precede l'eventuale firma del contratto: **la proposta di locazione**.

La proposta di locazione serve a mostrare un reale interesse e impegno da parte tua e del locatore: è infatti **un contratto preliminare** (art. 1321 e seguenti del Codice Civile) che **obbliga** le parti a stipulare un contratto finale. Questo obbligo non dura per sempre: la proposta è irrevocabile – una volta firmata non puoi cambiare idea – e ti impegna per un tempo massimo di 15 giorni, al termine dei quali decade se il proprietario non l'ha accettata.
La proposta di locazione può essere sicuramente un modo per rendere la tua proposta più allettante per il proprietario dell'immobile, ma ne parleremo più in avanti.

Alla firma della proposta di locazione, potresti dover lasciare una **caparra confirmatoria**, una cifra che solitamente corrisponde a una mensilità del canone di locazione e serve a confermare la tua proposta. Se il proprietario accetta la tua proposta di locazione ma tu cambi idea e rinunci a firmare il contratto, non avrai diritto alla restituzione della caparra.
Se invece è il proprietario a rifiutare di firmare il contratto di locazione dopo aver accettato la tua proposta, avrai diritto al **doppio della caparra**.

La proposta di locazione dovrebbe includere diversi elementi: i dettagli dell'immobile (ubicazione, metratura, numero di stanze e bagni, anno di costruzione, se è arredato o meno), il canone di locazione, le condizioni dell'appartamento al momento della firma della proposta e l'importo della caparra confirmatoria.

Di solito le agenzie immobiliari usano un modello di proposta di locazione standard, ma questo documento può esserti utile come **"garanzia"** nei riguardi del proprietario.

È importante che tu sappia che l'agenzia non svolge semplicemente un lavoro di rappresentanza, facendoti vedere l'immobile e rispondendo alle tue domande. La sentenza numero 21096 del 2013 pronunciata dalla Corte di Cassazione specifica chiaramente che **l'agenzia deve compiere un ruolo attivo e significativo** per la conclusione dell'affare, mettendo in contatto il locatore e il conduttore e creando le condizioni necessarie per la conclusione del contratto di locazione. Nel caso in cui l'agenzia non abbia rispettato questo requisito fondamentale, potrebbe non avere diritto ad alcuna provvigione.

Una volta trovata una casa che ti piace, devi capire se è davvero la casa perfetta per te e – dettaglio di non poca rilevanza – **se te la puoi davvero permettere!**

E come capirlo?
Facendo le domande giuste!

In questo capitolo abbiamo parlato di...

La ricerca di una casa online può comportare rischi e limitare le possibilità di successo.

È importante **valutare l'affidabilità dei siti web e degli annunci immobiliari**, evitando truffe e facendo attenzione alla qualità del sito e alle informazioni fornite.

Molte persone preferiscono affidarsi a **un'agenzia immobiliare** per risparmiare tempo, ottenere assistenza nella ricerca e nella negoziazione del contratto di locazione.

Prima di impegnarsi con un'agenzia è consigliabile **verificare che l'agente sia regolarmente iscritto al Ruolo dei Mediatori** presso la Camera di Commercio.

L'incarico conferito all'agenzia immobiliare deve essere **chiaro e comprensibile, senza clausole vessatorie,** e **non può prevedere il pagamento anticipato della provvigione.**

La provvigione dell'agenzia di solito consiste in una **percentuale basata sul valore dell'affare,** comprensiva delle spese sostenute dall'agenzia.

Se l'affare non si conclude per motivi indipendenti dal conduttore, **non è richiesta alcuna provvigione.**

È importante leggere attentamente il contratto con l'agenzia immobiliare, soprattutto **la clausola penale** e assicurarsi che sia proporzionata al valore dell'affare.

Dopo aver conferito l'incarico e aver trovato una casa che ti piace, si presenta una **proposta di locazione,** che è un contratto preliminare che obbliga le parti a stipulare un contratto finale.

In questa fase potresti dover versare una **caparra confirmatoria**, che è una garanzia per entrambe le parti che l'affare andrà a buon fine.

Se il contratto di locazione non viene finalizzato per colpa tua, la caparra non ti verrà restituita; se invece è colpa del proprietario, avrai diritto **al doppio** della caparra versata.

Ricorda che l'agenzia immobiliare svolge un ruolo **attivo e significativo** nella conclusione dell'affare, mettendo in contatto il locatore e il conduttore. Se l'agenzia non rispetta tale requisito, potrebbe non avere diritto a nessuna provvigione.

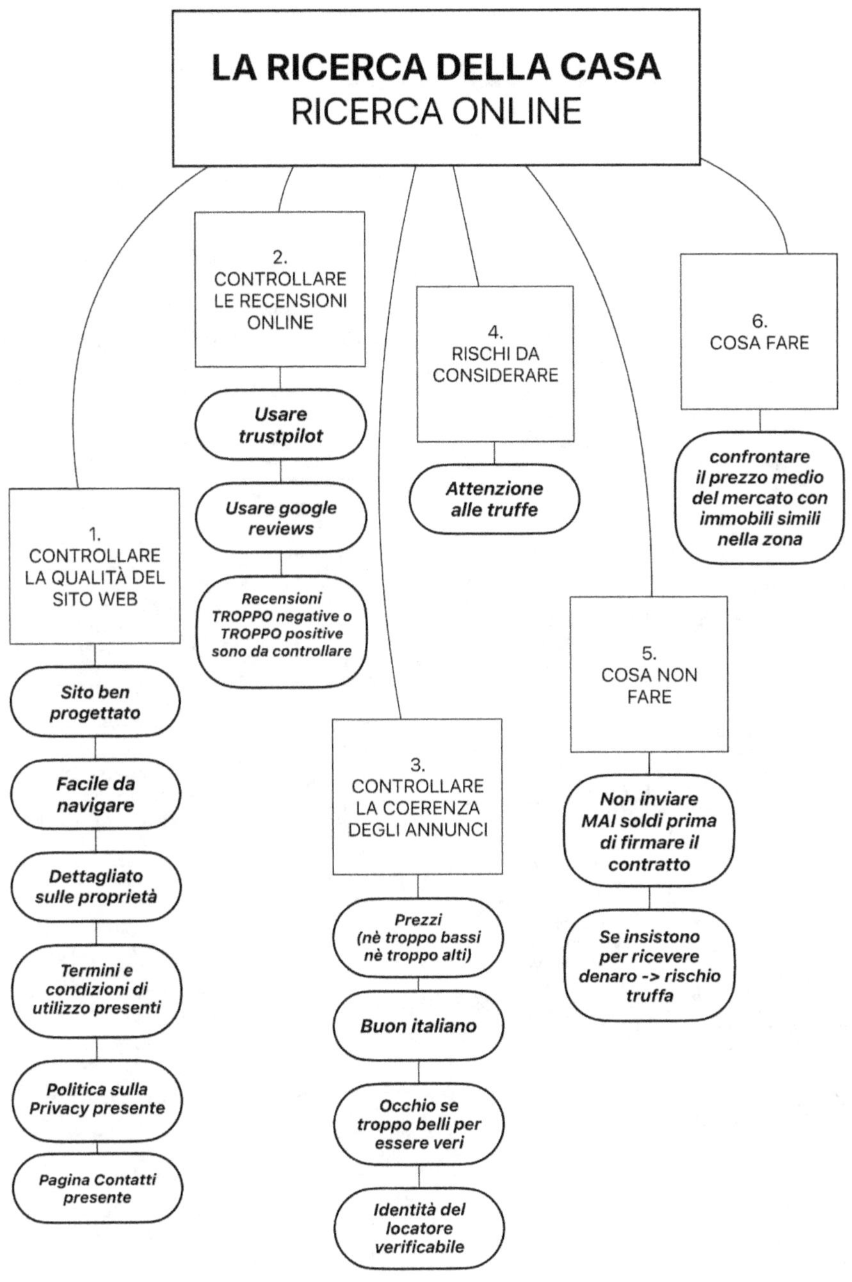
LA RICERCA DELLA CASA
RICERCA ONLINE
2.
CONTROLLARE
LE RECENSIONI
ONLINE
Usare
trustpilot
Usare google
reviews
Recensioni
TROPPO negative o
TROPPO positive
sono da controllare
1.
CONTROLLARE
LA QUALITÀ DEL
SITO WEB
Sito ben
progettato
Facile da
navigare
Dettagliato
sulle proprietà
Termini e
condizioni di
utilizzo presenti
Politica sulla
Privacy presente
Pagina Contatti
presente
4.
RISCHI DA
CONSIDERARE
Attenzione
alle truffe
6.
COSA FARE
confrontare
il prezzo medio
del mercato con
immobili simili
nella zona
5.
COSA NON
FARE
Non inviare
MAI soldi prima
di firmare il
contratto
Se insistono
per ricevere
denaro -> rischio
truffa
3.
CONTROLLARE
LA COERENZA
DEGLI ANNUNCI
Prezzi
(nè troppo bassi
nè troppo alti)
Buon italiano
Occhio se
troppo belli per
essere veri
Identità del
locatore
verificabile

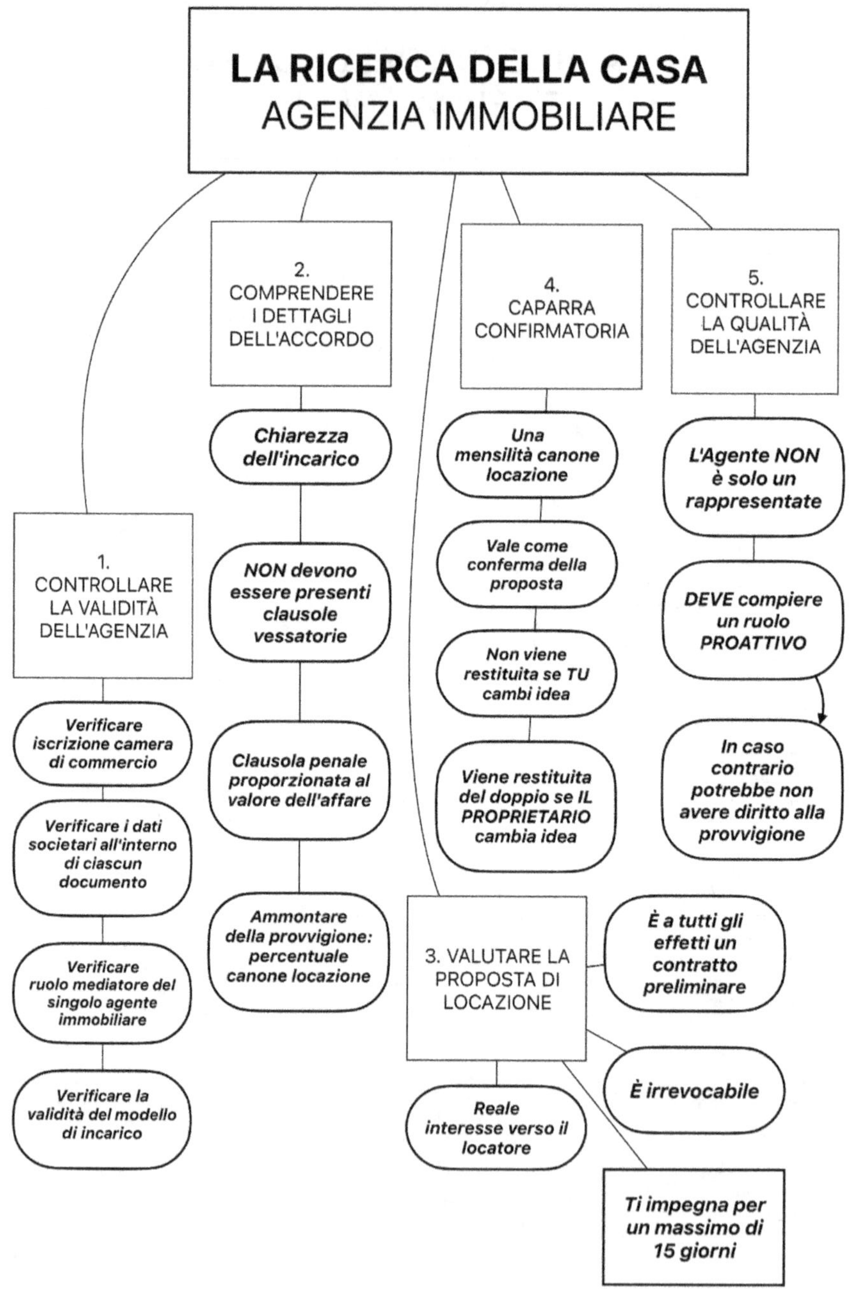
LA RICERCA DELLA CASA
AGENZIA IMMOBILIARE

2.
COMPRENDERE
I DETTAGLI
DELL'ACCORDO

4.
CAPARRA
CONFIRMATORIA

5.
CONTROLLARE
LA QUALITÀ
DELL'AGENZIA

Chiarezza
dell'incarico

Una
mensilità canone
locazione

L'Agente NON
è solo un
rappresentate

1.
CONTROLLARE
LA VALIDITÀ
DELL'AGENZIA

NON devono
essere presenti
clausole
vessatorie

Vale come
conferma della
proposta

DEVE compiere
un ruolo
PROATTIVO

Verificare
iscrizione camera
di commercio

Non viene
restituita se TU
cambi idea

In caso
contrario
potrebbe non
avere diritto alla
provvigione

Verificare i dati
societari all'interno
di ciascun
documento

Clausola penale
proporzionata al
valore dell'affare

Viene restituita
del doppio se IL
PROPRIETARIO
cambia idea

Verificare
ruolo mediatore del
singolo agente
immobiliare

Ammontare
della provvigione:
percentuale
canone locazione

3. VALUTARE LA
PROPOSTA DI
LOCAZIONE

È a tutti gli
effetti un
contratto
preliminare

Verificare la
validità del modello
di incarico

Reale
interesse verso il
locatore

È irrevocabile

Ti impegna per
un massimo di
15 giorni

2. CHIEDERE È LECITO: le domande da fare al proprietario dell'immobile

Cercare una casa può essere un compito arduo, soprattutto nelle grandi città. Il mercato immobiliare è spesso così saturo che porta a una competitività dannosa: la maggior parte delle case sono minuscole, maltenute e hanno i prezzi alle stelle.

La durata della locazione influisce nella ricerca di una casa adatta: più tempo intendi restarci e più è difficile trovare un proprietario disponibile a concedere l'immobile in locazione.

I circuiti degli affitti brevi – anche tramite siti specializzati – favoriscono un mercato che i proprietari guardano con favore, perché **ci sono meno rischi** che il conduttore resti in casa oltre la scadenza del contratto o che smetta di pagare il canone e/o le spese condominiali e di riscaldamento.

I proprietari spesso preferiscono tenere le case sfitte piuttosto che imbarcarsi in locazioni lunghe e rischiose, poiché le procedure per liberare una casa da inquilini morosi sono complesse e richiedono molto tempo oltre a spese processuali e legali.

In generale, le locazioni possono essere di due tipi:

- **Locazioni brevi**, che riguardano principalmente studenti universitari, lavoratori pendolari, turisti o persone che necessitano di un alloggio temporaneo per vari motivi, come l'attesa della ristrutturazione della propria abitazione o dell'acquisto di una nuova casa.

- **Locazioni lunghe**, che prevedono contratti di durata minima di 3 anni, rinnovabili automaticamente per altri 2 anni (contratti a canone concordato 3+2) oppure di durata minima di 4 anni con rinnovo automatico per altri 4 anni (contratti a canone libero 4+4).

Parliamo delle locazioni lunghe, in quanto sono generalmente più complesse e richiedono maggiore attenzione.

Le case destinate alle locazioni lunghe spesso non sono in ottime condizioni a causa della scarsa manutenzione da parte dei proprietari, che cercano di ridurre le spese e massimizzare i guadagni.
Questo non vuol dire che i proprietari siano degli approfittatori, spesso tra tasse e spese di gestione il loro guadagno è ridotto all'osso.

Per vivere serenamente nella tua nuova casa, non ricevere brutte sorprese e avere un buon rapporto con il locatore, è fondamentale **porre le giuste domande** prima di firmare il contratto, anche per capire se nel complesso ogni singola spesa rientri nel budget che hai a disposizione.
Queste sono le domande più importanti da fare al proprietario:

- **A quanto ammonta l'importo mensile del canone?**
  È una domanda ovvia che non serve solo a farti "i conti in tasca" e a valutare con attenzione le tue possibilità economiche, ma anche a capire se il prezzo è adeguato rispetto alla zona e alle condizioni dell'immobile.

- **Quando devo pagare il canone?**
  Informarti sulla scadenza del pagamento ti aiuterà a organizzarti meglio e a evitare eventuali ritardi. Anche questo – come qualsiasi altro aspetto del contratto – può essere negoziato: magari ti è più comodo effettuare il pagamento negli stessi giorni in cui ricevi lo stipendio. Solitamente nei contratti il termine di pagamento è indicato al 5 del mese, ma c'è tolleranza fino al 15 dello stesso mese.

- **A quanto ammontano le spese extra?**
  Spese di condominio, di riscaldamento, della tassa sui rifiuti: è importante conoscere tutti i dettagli di queste spese per avere un'idea dei costi totali.

- **A chi devo pagare le spese accessorie di condominio e riscaldamento?**
  Hai bisogno di sapere se devi pagare tutto al locatore oppure se le spese di condominio e di riscaldamento vanno versate direttamente all'amministratore di condominio dietro esplicita autorizzazione del proprietario di casa.

- **Ci sono dei lavori in programma nel condominio?**
  Queste spese sono a carico del proprietario – ne parleremo approfonditamente più avanti –, ma è meglio saperlo prima, anche per considerare eventuali disagi come rumori, polvere, interruzioni delle utenze o impalcature.

- **A quanto ammonta il deposito cauzionale?**
  Il deposito cauzionale è una somma che serve a tutelare il proprietario da eventuali danni causati all'immobile dal conduttore e può variare di molto in base al tipo di contratto.

- **C'è un regolamento condominiale da rispettare?**
  Conoscere le regole del condominio ti aiuterà a evitare problemi con i vicini e a capire meglio le dinamiche del palazzo che ospiterà la tua nuova dimora.

Attenzione: potresti trovare condomini che vietano il possesso di animali domestici. Risolviamo questo dubbio una volta per tutte: **la legge ammette gli animali domestici nei condomini e il regolamento condominiale che lo vieta è nullo**. L'animale domestico va considerato un "condomino" a tutti gli effetti e spetta al padrone rispettare le regole di uso degli spazi comuni, le norme igieniche, di sicurezza e anche di quiete.

Il proprietario dell'immobile che stai prendendo in locazione, invece, ha la facoltà di vietare animali domestici, quindi è meglio farglielo sapere il prima possibile per evitare problemi successivamente.

- **La locazione include pertinenze come garage interno, posto auto, cantina o giardino?**
  A volte questi spazi sono compresi nel canone d'affitto, altre possono comportare costi aggiuntivi.

- **Ci sono elettrodomestici o mobili inclusi?**
  È importante sapere se la casa viene affittata arredata o meno e quali saranno gli oggetti presenti al momento del tuo ingresso: oltre a capire cosa ti serve comprare per vivere dignitosamente, devi accertarti delle condizioni di ciò che è di proprietà del locatore, poiché ne sarai responsabile. Non dimenticare di verificarne lo stato di funzionamento e di annotare quando è stata fatta l'ultima manutenzione nel tuo verbale di sopralluogo, di cui parleremo nei prossimi capitoli.

- **Quali sono le utenze già attive e quali sono quelle da attivare?**
  Anche questo deve far parte del tuo budget: attivare le utenze ha dei costi e dei tempi che devi considerare.

- **Quali sono le condizioni per la risoluzione anticipata del contratto?**
  Questa informazione è fondamentale per sapere cosa fare se ti dovessi trovare nella situazione di lasciare la casa prima della scadenza del contratto.

- **Quali sono le modalità di rinnovo del contratto?**
  Sapere come funziona il rinnovo ti permetterà di pianificare il tuo soggiorno a lungo termine nella casa.

- **Ci sono particolari regole o clausole nel contratto?**
  Leggere attentamente il contratto e chiedere chiarimenti sulle clausole specifiche ti aiuterà a evitare spiacevoli sorprese in futuro.

Mi raccomando: **prenditi il tempo necessario per visitare la casa e controlla attentamente ogni dettaglio**, come la presenza di umidità, muffa, infissi rotti o problemi strutturali.

Dovresti considerare le tue visite dell'appartamento come un vero e proprio **sopralluogo**, con annesso inventario, che deve coprire ogni aspetto dell'immobile, compresi piatti, bicchieri, libri, quadri ed elettrodomestici. L'inventario andrebbe allegato al contratto di locazione, e ne parleremo nel capitolo 8.

Non è pignoleria, fidati di noi quando ti diciamo che **non c'è nulla di peggio che avere una disputa su qualcosa che era o non era presente quando hai preso in affitto l'immobile!**

E visto che ci sei, prenditi del tempo per fare un sopralluogo anche del quartiere: conoscere la zona circostante e valutare la presenza di servizi come ad esempio supermercati, mezzi di trasporto, scuole, parchi e centri sportivi ti permetterà di prendere una decisione più ponderata.
Una volta trovata la casa ideale e discusse tutte le questioni con il proprietario, potrai procedere con la firma del contratto di affitto.

Dopo la firma, **ricorda di conservare una copia del contratto e di tutti i documenti correlati** – come ricevute del deposito cauzionale, pagamenti dell'affitto e comunicazioni con il proprietario – che potrebbero essere utili in caso di controversie o problemi futuri.

In conclusione, cercare una casa in affitto richiede impegno, pazienza e una buona dose di **attenzione ai dettagli**.

Seguendo questi suggerimenti e facendo le domande giuste al locatore, il vostro rapporto potrà cominciare nel migliore dei modi, nel rispetto dei diritti e dei doveri di ciascuno!

Hai visto? Non è stato poi così difficile arrivare fin qui!

Dopo pochissime pagine, hai già tutti gli strumenti che ti servono per trovare una casa – in autonomia, attraverso una navigazione online sicura o affidandoti a dei professionisti – e per capire se è obiettivamente la casa che fa per te.

Ora passeremo alla seconda parte del libro, che tratterà di tutto quello che devi sapere prima della firma: quali sono i tuoi diritti e i tuoi doveri, come riconoscere i diversi tipi di contratto e le loro caratteristiche, le garanzie che devi presentare al proprietario dell'immobile prima della firma e il fondamentale sopralluogo tecnico!

La strada è ancora lunga, ma noi resteremo qui al tuo fianco fino alla fine!

In questo capitolo abbiamo parlato di...

Le locazioni possono essere **brevi** o **lunghe**; quest'ultime richiedono maggiore attenzione.

Prima di firmare un contratto, è importante fare **le giuste domande** al proprietario dell'immobile.
Le domande includono l'importo del canone, le spese extra, le utenze, le condizioni di risoluzione anticipata, le modalità di rinnovo e le clausole specifiche.

È fondamentale **visitare attentamente l'appartamento** e fare un sopralluogo nel quartiere.

Dopo la firma del contratto, **conserva tutte le copie dei documenti** correlati.

PRIMA DI FIRMARE
IL CONTRATTO DI LOCAZIONE
DOMANDE PER IL PROPRIETARIO
Importo mensile canone
Scadenza del pagamento
Spese Extra
Importo Deposito Cauzionale
Lavori nel condominio già programmati
Destinatario Spese Condominio e Riscaldamento
Regolamento Condominiale
Pertinenze
Elettrodomestici e/o mobili inclusi
Utenze Attive Utenze da Attivare
Condizioni risoluzione anticipata contratto
Modalità rinnovo (contratto)
Regole o clausole particolari (nel contratto)

SECONDA PARTE

3. LE REGOLE DEL RAPPORTO DI LOCAZIONE PERFETTO: diritti e doveri del conduttore

Già a questo punto del libro potresti chiederti:

«Perché dovrei preoccuparmi di tutto questo? Non è sufficiente trovare un posto che mi piace, firmare il contratto e trasferirmi?».

In un mondo ideale, sarebbe esattamente così: trovi la casa dei tuoi sogni, firmi un contratto e il gioco è fatto.
Purtroppo, nella realtà, le cose non sono sempre così semplici.

Un contratto di locazione non è solo un documento che ti permette di vivere in un certo posto, **è un accordo vincolante** che disciplina i termini e le condizioni della tua permanenza in quel luogo. È un documento che definisce cosa puoi fare, cosa non puoi fare e cosa devi fare.
Capire i tuoi diritti e doveri come conduttore può sembrare un compito noioso e complicato, ma è fondamentale per la tua sicurezza e tranquillità. Conoscendo i tuoi diritti, sei in grado di proteggerti da possibili abusi e di garantire che la tua esperienza di affitto sia il più positiva possibile. Allo stesso modo, conoscendo i tuoi doveri, puoi evitare potenziali conflitti con il proprietario e assicurarti che la tua permanenza nell'immobile sia pacifica e senza problemi.

Una volta letto questo libro, scoprirai che navigare bene nel mondo degli affitti può darti un senso di sicurezza e controllo.

Non sarai più un passivo partecipante nel processo, ma un attore consapevole e informato, persino con la capacità di negoziare e ottenere i termini più favorevoli possibili.

Ovviamente questo discorso vale anche se sei il proprietario di casa: conoscere i diritti e i doveri dei tuoi conduttori ti permetterà di evitare problemi e ti aiuterà a risparmiare tempo, soldi ed energie per risolvere eventuali controversie che potrebbero trascinarsi per anni nelle aule di Tribunale.

Quindi, cominciamo dall'elencare i tuoi DIRITTI in quanto conduttore:

- **Diritto a un'abitazione dignitosa e sicura:** non solo dovresti aspettarti un luogo sicuro e confortevole dove vivere, ma hai il diritto di chiedere che qualsiasi problema di manutenzione o sicurezza venga risolto in modo tempestivo. Ricorda, sei tu che vivi in quella casa, quindi hai il diritto di sentirti a tuo agio.

- **Diritto di usufruire dell'immobile in modo pacifico e tranquillo:** non dovresti essere mai costretto a subire interferenze non volute. Se ti trovi in una situazione in cui ti senti infastidito o se sei vittima di molestie, hai diritto a vivere pacificamente nella tua abitazione e di chiedere al locatore di prendere provvedimenti.

- **Diritto di abitare la casa per tutta la durata del contratto:** questo è un diritto fondamentale. Non possono chiederti di lasciare l'immobile prima della scadenza del contratto, a meno che non sia tu a violare i termini del contratto.

- **Diritto di eseguire migliorie cosiddette "voluttuarie" all'immobile a tue spese:** puoi apportare modifiche all'immobile, purché non alterino la sua destinazione d'uso e siano facilmente rimovibili. Ricorda sempre di chiedere il permesso al proprietario.

- **Diritto di protezione della privacy:** ovviamente parliamo di privacy fisica, per cui il proprietario, ad esempio, non può entrare nell'immobile senza il tuo permesso, né può installare telecamere o altri dispositivi di sorveglianza all'interno della tua abitazione.

Ma parliamo anche del rispetto della riservatezza delle tue informazioni personali che potresti aver comunicato per necessità al locatore, come i tuoi dati finanziari, dettagli sul tuo reddito o gli estratti di conti correnti bancari.

A proposito di privacy, se sei in procinto di lasciare l'appartamento, serve il tuo consenso affinché il locatore faccia visitare l'immobile a potenziali acquirenti o futuri inquilini, concordando con te in anticipo la data e l'orario dell'appuntamento. Non si tratta di una premura del locatore nei tuoi confronti, ma un suo **dovere**. Tuttavia, è consigliabile inserire nel contratto di locazione una finestra temporale in cui ti rendi disponibile, per evitare "l'effetto stalking" del proprietario dell'immobile ansioso di vendere casa il prima possibile!

Ora passiamo ai tuoi DOVERI:

- **Dovere di utilizzare l'immobile con la diligenza del buon padre di famiglia:** in pratica devi prenderti cura della casa come se fosse di tua proprietà. Il rispetto per l'immobile e per gli altri abitanti del condominio dovrebbe essere sempre una priorità.

- **Dovere di pagare il canone di locazione:** è fondamentale poiché non puoi ritardare o evitare il pagamento del canone di locazione, a meno che tu non abbia un accordo scritto con il proprietario.

- **Dovere di pagare le spese condominiali:** allo stesso modo, devi coprire le spese condominiali.

Non importa quali siano le tue opinioni sull'amministratore o sugli altri condomini, il pagamento delle spese condominiali è una tua responsabilità purché siano spese dovute per legge e non imposte arbitrariamente dal proprietario.

- **Dovere di restituire l'immobile nelle stesse condizioni:** alla fine del contratto, l'immobile deve essere restituito nello stesso stato in cui ti è stato consegnato, fatta eccezione per la normale usura.

- **Dovere di provvedere alle riparazioni di piccola manutenzione:** se si tratta di problemi di piccola entità, come una perdita di un rubinetto o una porta che cigola, è tuo dovere risolverli. Puoi chiedere l'assistenza del proprietario se la questione è più grave, ma per le piccole riparazioni la responsabilità è tua.

- **Dovere di avvertire per tempo il proprietario in caso di difficoltà economiche:** se si presenta un problema che ti impedisce di pagare l'affitto o le spese condominiali, è tua responsabilità informare immediatamente per iscritto il proprietario. È importante essere onesti e trasparenti in situazioni simili, in modo da poter trovare una soluzione che funzioni per entrambe le parti.

- **Dovere di tollerare le limitazioni nel godimento dell'immobile qualora debbano essere necessarie delle riparazioni a cura del conduttore:** se il proprietario deve eseguire delle riparazioni importanti che potrebbero temporaneamente limitare il tuo utilizzo dell'immobile, è tuo dovere tollerarlo.

Per sopportare questi inconvenienti, potrebbe essere utile ricordarti che tali riparazioni sono nel tuo interesse a lungo termine, dato che contribuiscono a mantenere l'immobile in buone condizioni.

- **Dovere di assumerti la responsabilità del deterioramento dell'appartamento quando questo dipende da te:** se causi danni all'immobile, sei responsabile della riparazione. Questo include qualsiasi cosa, dalle pareti forate per appendere quadri o mensole, a danni più seri come quelli a pavimenti o infissi.

- **Dovere di sostenere il pagamento delle spese dovute a titolo di tassa smaltimento rifiuti, gas, energia elettrica:** queste spese fanno parte delle tue responsabilità come conduttore. Assicurati di capire esattamente cosa coprono queste bollette e di pagare puntualmente.

I tuoi diritti esistono per proteggerti, ma è importante che tu rispetti anche i tuoi doveri per garantire un'esperienza di affitto positiva e senza complicazioni.

Ricorda: tutto questo aumenta di gran lunga la possibilità di evitare possibili problemi o controversie legali, creando un **rapporto di fiducia** e reciproco rispetto alla base del rapporto che viene a crearsi tra locatore e conduttore.

È bene fare una precisazione.

La fiducia è una qualità tanto rara quanto preziosa che rafforza ogni relazione umana, ma purtroppo non basta quando si parla di contratti di locazione. Questi – come qualsiasi altro tipo di contratto – sono strumenti legali che governano le relazioni tra le parti coinvolte, che possono durare anche anni e implicano – come hai appena letto – una serie di obbligazioni e responsabilità che devono essere rispettate.

Non parliamo soltanto di malafede: nel contesto di un contratto di locazione, si possono verificare circostanze impreviste, come la perdita del lavoro o un inaspettato problema economico, che possono influenzare la capacità del conduttore di adempiere ai suoi obblighi.

Ed è qui che la fiducia, nonostante la sua bellezza e la sua importanza, non è sufficiente.

Non si può semplicemente fare affidamento sulla buona fede di una persona per garantire l'adempimento degli obblighi contrattuali.

È per questo che esistono le garanzie, come il deposito cauzionale e la fideiussione.

Tali strumenti possono sembrare un'ennesima spesa che eviteresti volentieri, ma sono risorse legali che servono a proteggere le parti coinvolte, assicurando che – in caso di inadempimento – ci siano mezzi per risolvere la situazione.
Nei prossimi capitoli li affronteremo uno alla volta.
Non disperare, ti assicuro che, passo dopo passo, avrai tempo e modo di capire tutto alla perfezione!

In questo capitolo abbiamo parlato di...

Come conduttore, **hai il diritto a un'abitazione dignitosa e sicura**, a vivere pacificamente, a usufruire dell'immobile per tutta la durata del contratto e a eseguire migliorie volontarie.

Hai anche il diritto alla **privacy** dei tuoi dati personali.

Hai però anche dei **doveri**: prenderti cura dell'immobile, pagare il canone di locazione e le spese condominiali, restituire l'immobile nello stesso stato, effettuare piccole riparazioni, comunicare problemi economici, tollerare limitazioni per le riparazioni e assumerti la responsabilità dei danni causati. Devi anche pagare le spese di smaltimento rifiuti e utenze.

Conoscere i tuoi diritti e doveri ti aiuta a **evitare problemi** e a creare un rapporto di fiducia con il locatore.

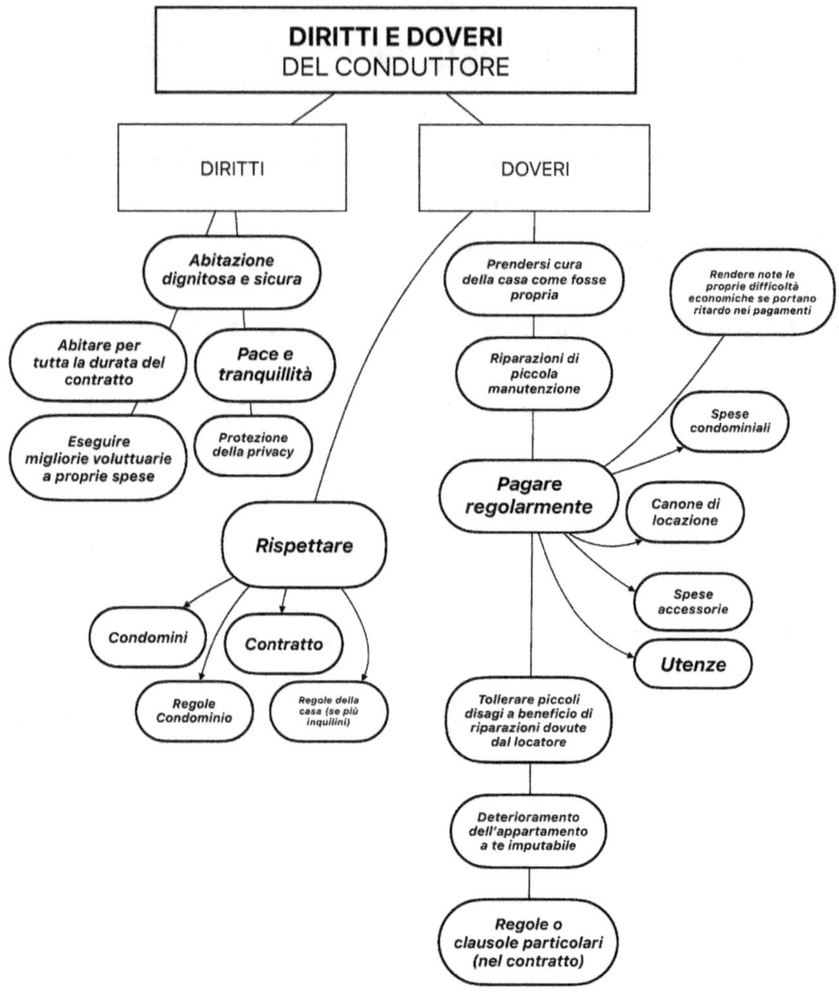

DIRITTI E DOVERI
DEL CONDUTTORE
DIRITTI
DOVERI
Abitazione dignitosa e sicura
Abitare per tutta la durata del contratto
Pace e tranquillità
Eseguire migliorie voluttuarie a proprie spese
Protezione della privacy
Rispettare
Condomini
Contratto
Regole Condominio
Regole della casa (se più inquilini)
Prendersi cura della casa come fosse propria
Riparazioni di piccola manutenzione
Rendere note le proprie difficoltà economiche se portano ritardo nei pagamenti
Pagare regolarmente
Spese condominiali
Canone di locazione
Spese accessorie
Utenze
Tollerare piccoli disagi a beneficio di riparazioni dovute dal locatore
Deterioramento dell'appartamento a te imputabile
Regole o clausole particolari (nel contratto)

4. TUTTI PAZZI PER LA FIDEIUSSIONE: che cos'è e come funziona davvero

Come detto nel capitolo precedente, il proprietario di un immobile – per tutelarsi da possibili morosità o danni all'immobile – richiede garanzie specifiche.

Seppure siano utili e sacrosante, non tutti sono in grado di fornirle: se sei un libero professionista, un lavoratore a tempo determinato, un beneficiario di un sostegno economico da parte dello Stato, un pensionato o uno studente potresti non essere in grado di offrire le garanzie tradizionalmente richieste dal proprietario.

In questi casi, la ricerca di una casa può diventare più complessa, ma **non temere**, affronteremo anche questo tema.

Un locatore può richiedere due tipi di garanzie:

- Garanzie sul pagamento dei canoni di locazione, spese condominiali e di riscaldamento.

- Garanzia sull'adempimento delle obbligazioni contrattuali, comunemente nota come deposito cauzionale (di cui parleremo nel prossimo capitolo).

La garanzia più comune per il pagamento dei canoni di locazione è la **fideiussione**, regolamentata dagli articoli dal 1936 al 1942 del Codice Civile e che consiste nell'impegno di una terza persona estranea al rapporto di locazione, il **fideiussore**, a garantire il pagamento del debito del conduttore nei confronti del locatore.

Questa figura può essere una persona fisica (un parente, un amico, ecc.) o una persona giuridica (una società).

La fideiussione deve essere stipulata per iscritto, con indicazione dell'importo massimo garantito e della sua durata (art. 1938 Codice Civile). Generalmente, il proprietario richiede una fideiussione variabile da **sei mesi** a **un anno** di canone di locazione e che copra l'intera durata del contratto di affitto.

Se il fideiussore diventa insolvente, il **debitore** – cioè tu, in quanto conduttore – deve presentare un altro garante, a meno che la fideiussione non sia stata stipulata con una persona specifica voluta dal proprietario (art. 1943 Codice Civile).

La fideiussione può essere di diversi tipi:

- **"Solidale"**: il locatore può indifferentemente richiedere il pagamento di quanto gli spetta a te e al tuo garante fideiussore.

- **"Con beneficio di preventiva escussione"**: il locatore deve prima tentare di recuperare il credito da te che sei il debitore principale e poi – solo quando dimostra di non essere riuscito a ottenere il pagamento – potrà rivolgersi al fideiussore.

- **"A prima richiesta"**, che comporta la rinuncia al beneficio della preventiva escussione: il locatore riscuoterà direttamente dal fideiussore il suo credito verso di te a prescindere da qualsiasi eccezione e/o opposizione da parte tua.

In ogni caso, queste eventualità devono essere espressamente previste nel contratto di fideiussione.

Oltre alla fideiussione personale – in cui a farti da fideiussore è una persona giuridica o fisica – esiste anche la **fideiussione bancaria**, in cui la banca funge da garante, a patto che tu superi un'attenta valutazione sul tuo merito creditizio globale: se hai subito una segnalazione alla CRIF – che è la società privata che gestisce il SIC, il sistema di informazioni creditizie – o hai finanziamenti aperti non pagati regolarmente o troppi finanziamenti aperti che gravano sulla tua stabilità finanziaria, allora potresti non essere in grado di usufruire di una fideiussione bancaria.

Come per la fideiussione personale, l'importo garantito generalmente varia da 6 a 12 mesi di canone di locazione, a cui si aggiungono gli interessi e le commissioni applicate dalla banca.

Un altro tipo di fideiussione bancaria è il cosiddetto **"fido promiscuo"**, che è una sorta di **prestito** che la banca offre ai suoi clienti grazie al quale puoi ottenere una somma di denaro per rilasciare garanzie – come una fideiussione – o per avere liquidità in anticipo.

La banca delibera la concessione della linea di credito e poi rilascia la fideiussione negoziandone i termini economici, come l'importo della commissione e gli interessi.

Ci sono due tipi di garanzie che puoi ottenere con questo prestito:

- **Una garanzia diretta**, in cui la banca si impegna direttamente a pagare una certa somma al beneficiario – nel nostro caso il locatore – se non riesci ad adempiere ai tuoi obblighi, come ad esempio il pagamento del canone di locazione.

- **Una garanzia indiretta**, in cui la tua banca chiede a un'altra banca di emettere una garanzia per conto tuo. La tua banca funge dunque da intermediario e garantisce che l'altra banca pagherà al beneficiario se tu non adempirai ai tuoi obblighi.

Tutte le banche hanno sul proprio sito istituzionale un documento informativo contenente le informazioni che devi conoscere sulla fideiussione anche relativamente ai costi e agli interessi, oltre alle istruzioni per presentare eventuali reclami.

La fideiussione è una garanzia accessoria, *ergo* vale solo nel caso in cui il contratto di locazione sia giuridicamente valido. Se il contratto dovesse risultare invalido per qualsiasi motivo, anche la fideiussione perderà la sua validità.

Ovviamente, nel caso in cui il contratto di locazione dovesse essere risolto in maniera naturale e/o concordata tra le parti – per esempio, se si esaurisce il periodo di locazione previsto nel contratto o se il contratto viene risolto anticipatamente – la fideiussione cessa di avere effetto.

Mi raccomando, segnati questa frase su un taccuino così da poterla riutilizzare se qualcuno dovesse mai provare a fregarti: **le fideiussioni per le locazioni abitative devono avere una durata che non può essere superiore a quella del contratto di locazione**: se il contratto di locazione dura 4 anni, anche la fideiussione deve durare 4 anni.

Altro aspetto importante da considerare è che il fideiussore ha il diritto di opporsi alla pretesa del locatore se ritiene che l'obbligo garantito non sussista o non sia ancora esigibile.

Ad esempio, se il locatore fa richiesta di pagamento al fideiussore **prima che tu sia inadempiente**, il fideiussore può, anzi *deve*, rifiutarsi di pagare.

Anche nel caso in cui il locatore richieda il pagamento al fideiussore dopo che sei diventato inadempiente, il tuo garante può ancora opporsi se **ritiene che tu non sia realmente inadempiente**.

Ad esempio: il fideiussore può sostenere che hai già pagato l'affitto o che il locatore ha calcolato erroneamente l'importo dovuto.

Ma il fideiussore è un tuo alleato… fino a un certo punto!

È importante sottolineare che, ogni volta che lui paga al posto tuo, ha ovviamente tutto il diritto di rivalersi su di te per l'importo pagato.

Questo significa che, anche se il fideiussore paga al locatore, **sei tu a rimanere responsabile per l'importo dell'affitto**!

La fideiussione è uno strumento molto utile, ma è anche un impegno molto serio per te quanto per chi ti fa da garante: entrambi potreste subire delle ripercussioni finanziarie importanti se qualcosa va storto.

Pertanto, è fondamentale essere ben informati sui propri diritti e obblighi prima di sottoscrivere un contratto di fideiussione.

In questo capitolo abbiamo parlato di...

La fideiussione è una garanzia richiesta dal proprietario per tutelarsi da morosità o danni.

Consiste nell'impegno di una terza persona (fideiussore) a **garantire il pagamento del debito** del conduttore.
Nel caso di **fideiussione personale**, il garante può essere una persona fisica o giuridica.

La fideiussione può essere **"solidale"** (pagamento indifferente da parte tua o del fideiussore), con **"beneficio di preventiva escussione"** (il locatore deve prima cercare il pagamento da te) o **"a prima richiesta"** (il locatore deve prima cercare il pagamento dal fideiussore).

Esiste anche la **fideiussione bancaria**, in cui la banca funge da garante.

La fideiussione è valida solo se il contratto di locazione è valido e ha una durata non superiore a quella del contratto.

Il fideiussore può opporsi alla richiesta di pagamento del locatore se ritiene che l'obbligo garantito non sussista. Tuttavia, se il fideiussore paga, ha il diritto di rivalersi su di te per l'importo pagato.

La fideiussione **è un impegno serio** che richiede un'attenta valutazione dei diritti e degli obblighi prima di sottoscriverla.

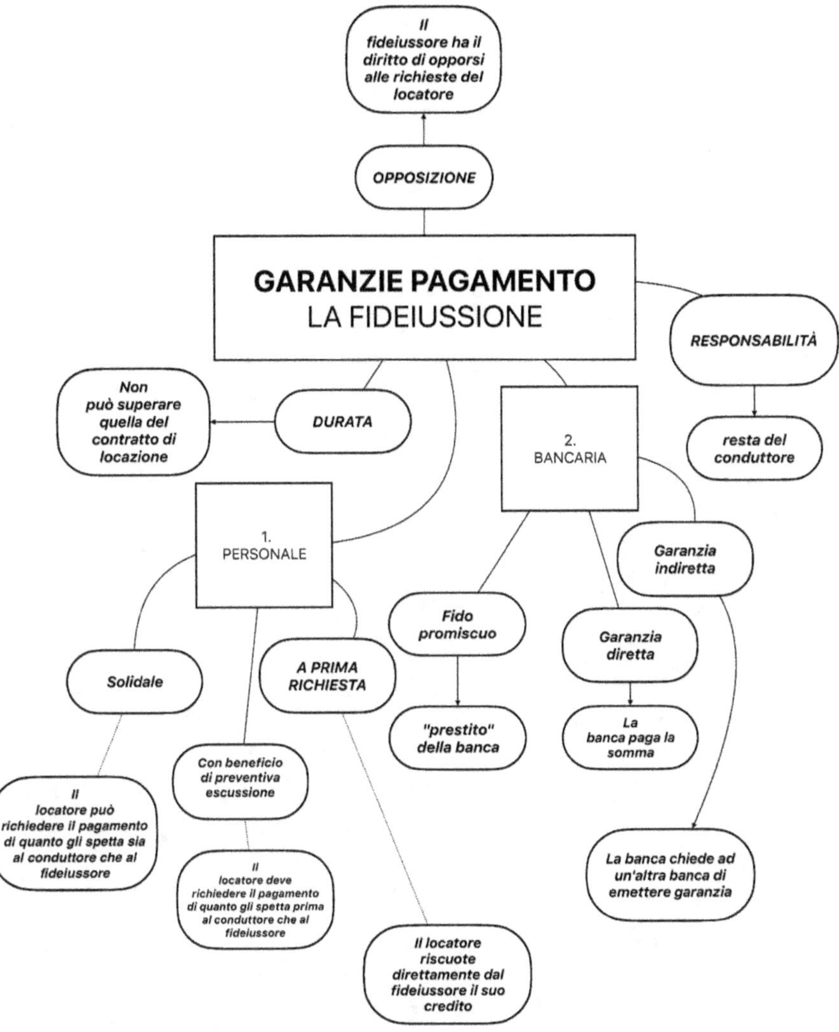
Il fideiussore ha il diritto di opporsi alle richieste del locatore
OPPOSIZIONE
GARANZIE PAGAMENTO
LA FIDEIUSSIONE
RESPONSABILITÀ
resta del conduttore
Non può superare quella del contratto di locazione
DURATA
2. BANCARIA
1. PERSONALE
Garanzia indiretta
Solidale
A PRIMA RICHIESTA
Fido promiscuo
Garanzia diretta
Il locatore può richiedere il pagamento di quanto gli spetta sia al conduttore che al fideiussore
Con beneficio di preventiva escussione
"prestito" della banca
La banca paga la somma
Il locatore deve richiedere il pagamento di quanto gli spetta prima al conduttore che al fideiussore
La banca chiede ad un'altra banca di emettere garanzia
Il locatore riscuote direttamente dal fideiussore il suo credito

5. PER UN PUGNO DI…: il deposito cauzionale

Il deposito cauzionale è un altro tipo di garanzia comune nel mondo delle locazioni, ma, mi raccomando, non commettere l'errore di confondere il deposito cauzionale con la caparra (di cui parleremo nel prossimo capitolo): sono due cose molto diverse tra loro!

Il deposito cauzionale serve a coprire eventuali danni che potresti causare all'immobile o ritardi nel pagamento del canone: è un po' come un "cuscino di sicurezza" per il proprietario.

La sua funzione e la sua importanza sono ribadite dalla Corte di Cassazione, che afferma che il deposito è «*a copertura di specifici danni subiti o di importi rimasti impagati*».

Alla fine del contratto di locazione, le somme versate a titolo di deposito cauzionale **devono essere restituite**.

Questa non è una scelta del proprietario, ma una sua obbligazione che sorge quando tu, come conduttore, restituisci l'immobile preso in locazione.

Ricorda anche che il deposito cauzionale **produce degli interessi**, calcolati al tasso legale, che vanno corrisposti al conduttore alla fine di ogni anno.

Ciò vuol dire che legalmente, alla fine del contratto, tu dovrai riavere indietro i soldi del deposito cauzionale **sommati agli interessi maturati nel tempo**!

Nel caso di contratti a canone concordato 3+2 o contratti transitori o per studenti universitari (articolo 5, Legge 431/98), il proprietario deve attenersi ai contratti tipo stabiliti dal Decreto del Ministero delle Infrastrutture e dei Trasporti del 16 gennaio 2017.

Questi contratti non limitano l'importo del deposito cauzionale – che comunque non supera mai le 3 mensilità di canone di locazione –, ma prevedono che esso produca interessi legali.

Solamente nelle locazioni a canone libero 4+4 è possibile prevedere nel contratto che il deposito cauzionale non maturi interessi legali.

Gli interessi legali sono determinati ogni anno dal Ministero dell'Economia e delle Finanze che pubblica il loro tasso sulla Gazzetta Ufficiale – consultabile anche tramite sito web www.gazzettaufficiale.it – e che puoi facilmente calcolare in totale autonomia attraverso una semplice ricerca su Google.

Per legge, l'importo del deposito cauzionale deve essere basato esclusivamente sul canone d'affitto indicato nel contratto e non può mai essere superiore a tre mesi del canone di locazione (articolo 13, Legge 431/98).

Il deposito cauzionale serve come garanzia al proprietario nel caso in cui il conduttore non adempia ai suoi doveri contrattuali, e non va mai confuso con la caparra.

In questo capitolo abbiamo parlato di…

Il deposito cauzionale è una garanzia che copre **danni o ritardi di pagamento**.

Deve essere restituito alla fine del contratto di locazione e **produce interessi** calcolati al tasso legale, fatta eccezione per i contratti a canone libero che prevedono una clausola specifica la quale esclude gli interessi.

Nei contratti a canone concordato o per studenti universitari, il deposito cauzionale **deve seguire i contratti tipo** e produrre interessi legali.

L'importo del deposito cauzionale **non può superare 3 mensilità del canone** di locazione.

Il deposito cauzionale non va mai confuso con la caparra.

IL DEPOSITO CAUZIONALE
NON può superare tre mensilità del canone di locazione
2. RESTITUZIONE
3. INTERESSI
Obbligo per il proprietario
CONTRATTO 3+2
1. FUNZIONI
Sono presenti
CONTRATTO 4+4
Coprire eventuali danni
Si può prevedere da contratto che non siano presenti
Sicurezza per il proprietario

6. NON CHIAMARMI "CAUZIONE": la caparra

La **caparra confirmatoria** è una somma di denaro che è possibile prevedere in un accordo separato o nel contratto di locazione per offrire una tutela al locatore quando non hai modo di ottenere la fideiussione personale o bancaria.

In pratica, la caparra confirmatoria serve a garantire l'esecuzione della prestazione, e nel caso in cui quest'ultima non dovesse essere rispettata, verrà trattenuta dall'altra parte come risarcimento.

Nello specifico (art. 1385 Codice Civile) la somma versata al momento della firma sarà restituita alla fine del contratto di locazione, a meno che il conduttore non sia risultato inadempiente.

Al contrario, se è il proprietario ad essere inadempiente, sei tu ad avere diritto a ottenere **il doppio della caparra**.

Esiste anche un altro tipo di caparra – dedicata ai contratti a canone libero "4+4" – la **caparra penitenziale**. Serve a proteggere entrambe le parti in quanto compensazione nel caso di recesso contrattuale.

In altre parole, se una delle parti decide di terminare il contratto di locazione, deve pagare alla parte contraria il doppio dell'importo della caparra.

Questo tipo di garanzia è però piuttosto rara e di solito viene adoperata solo in contratti di locazione piuttosto onerosi: è come se volessi prevedere una **"punizione pecuniaria"** nel caso in cui volessi lasciare la casa!

Per riassumere, **la caparra può valere come forma di risarcimento in caso di inadempimento**, proprio per questo non va confusa con deposito cauzionale, che serve a garanzia del proprietario nel caso in cui il conduttore non adempia ai suoi doveri contrattuali.

Tuttavia, caparra e deposito cauzionale hanno un aspetto in comune: entrambi sono strumenti che, se usati correttamente, possono fornire **una certa sicurezza** nelle transazioni immobiliari.

Purtroppo però – come abbiamo già accennato – non tutti hanno la possibilità di presentare queste garanzie al proprietario della casa che vorrebbero prendere in locazione.

E in questo caso, che si fa? Devi rinunciare alla casa che hai trovato dopo tanti sforzi e sacrifici?

Assolutamente no, ci sono delle strategie che puoi tentare prima di alzare bandiera bianca, e per conoscerle ti basta continuare la lettura!

In questo capitolo abbiamo parlato di...

La caparra confirmatoria è una somma di denaro che garantisce l'esecuzione della prestazione nel contratto di locazione.

Viene restituita alla fine del contratto, salvo inadempienza del conduttore.

Esiste anche la **caparra penitenziale**, molto rara e utilizzata nei contratti a canone libero "4+4", che prevede il pagamento del doppio dell'importo in caso di recesso contrattuale.

La caparra è diversa dal deposito cauzionale e può essere utilizzata come **forma di risarcimento** in caso di inadempimento.

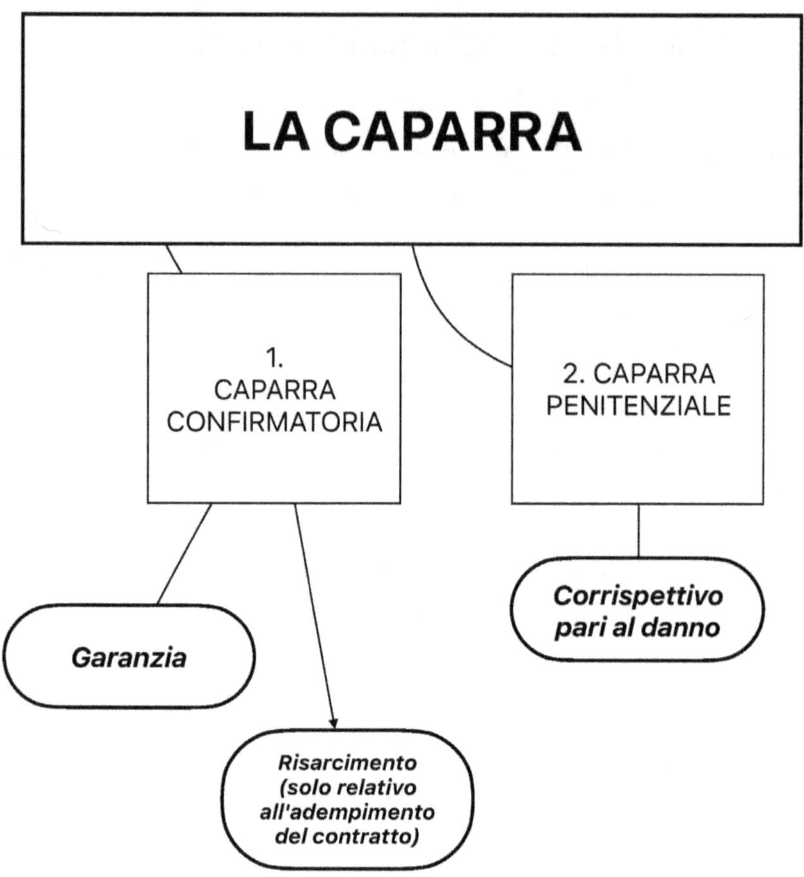

LA CAPARRA
1. CAPARRA CONFIRMATORIA
2. CAPARRA PENITENZIALE
Garanzia
Risarcimento (solo relativo all'adempimento del contratto)
Corrispettivo pari al danno

7. L'ABITO FA IL CONDUTTORE: le garanzie alternative

Vediamo a che punto siamo arrivati: hai trovato una casa che ti piace, hai fatto tutte le domande necessarie per capire se puoi permettertela, il proprietario ti considera un potenziale conduttore affidabile e viceversa.

Manca solo un sopralluogo congiunto per verificare la conformità dell'immobile e la funzionalità di tutto ciò che lo compone – ne parleremo più avanti – oltre a identificare eventuali problematiche e pianificare le soluzioni appropriate.

Ma prima c'è un ostacolo da affrontare: il proprietario pretende una fideiussione o un altro strumento di garanzia di cui abbiamo parlato nei precedenti capitoli, ma tu non puoi accontentarlo.

Potresti trovarti spesso in questa condizione se sei un lavoratore autonomo, un pensionato, un lavoratore part-time, un lavoratore a termine, o persino un lavoratore a tempo indeterminato.

Hai letto bene, **ormai la fideiussione – personale o bancaria – è la prassi,** e il "semplice" stipendio da contratto a tempo indeterminato non è più considerato una garanzia sufficiente: l'azienda per cui lavori potrebbe licenziarti, potrebbe andare in liquidazione giudiziale – termine che sostituisce il più celebre "fallimento", sostituito dopo l'entrata in vigore del Codice della Crisi di Impresa –, potresti decidere di cambiare lavoro e diventare un lavoratore autonomo, potresti subire un infortunio o un cambiamento contrattuale significativo che potrebbe ridurre il tuo reddito.

Quindi, ti arrendi?

No, bisogna provare a trovare una soluzione, proponendo al locatore delle **garanzie alternative**.

Proviamo a esplorare le opzioni insieme:

- **Polizza fideiussoria assicurativa:** questa assicurazione serve a proteggere il proprietario nel caso tu non riuscissi a pagare l'affitto. L'assicurazione – concedendoti tale polizza – si assume un grande rischio, per cui verificherà la tua storia e deciderà se sei un buon candidato per questo tipo di prodotto.

Avere una compagnia assicurativa di fiducia con cui hai già aperto varie polizze – ad esempio, una polizza RC auto e un'assicurazione sanitaria – e verso la quale ti sei sempre dimostrato un buon pagatore potrebbe essere fondamentale per ottenere una copertura assicurativa sull'affitto. Sappi però che questo tipo di assicurazione è diventato più **difficile da ottenere** a causa dell'aumento degli sfratti per morosità: la maggior parte delle agenzie assicurative non prevede più questa opzione tra i servizi offerti!

Per questo, molte agenzie immobiliari legate ai grandi circuiti offrono invece un servizio assicurativo complementare diverso dalla polizza fideiussoria di cui potresti usufruire per "rassicurare" il proprietario. Potresti ad esempio sottoscrivere una polizza di **rischio locativo** che protegge il locatore dall'eventuale rischio di dover pagare personalmente un danno causato da incendio, scoppio o esplosione per fatto incolpevole del conduttore, oppure la polizza RC Proprietario per proteggere il locatore dai danni involontariamente provocati a persone e cose.

L'ultima garanzia di cui vogliamo parlarti potrebbe sembrare retorica, ma può avere invece un grande valore pratico: **la tua affidabilità personale**.

I proprietari vogliono che i loro inquilini siano responsabili e in grado di gestire le loro finanze.

Pertanto, una buona presentazione di te stesso, un lavoro stabile, una buona storia di pagamento e altre dimostrazioni di affidabilità finanziaria possono andare molto lontano nel convincere un proprietario ad affittarti la sua proprietà!

Ma qual è il modo più efficace per presentarti?

Attraverso una **proposta di affitto solida ed efficace**.

La proposta d'affitto non è solo un documento che descrive la tua intenzione di prendere in locazione l'appartamento, ma anche un'occasione per presentarti al proprietario come un potenziale conduttore responsabile e affidabile.

Si tratta di una vera e propria lettera d'intenti che puoi redigere dopo aver fatto tutte le domande necessarie al proprietario sugli aspetti finanziari e logistici – come ti abbiamo insegnato nel capitolo 2 – ma prima del sopralluogo dell'appartamento, durante il quale verificherai l'effettiva condizione dell'immobile.

La proposta di affitto sarà quindi un **impegno formale** che anticipa la tua intenzione di prendere in locazione l'appartamento e il modo in cui intendi garantire i pagamenti al proprietario, a condizione che all'esito del sopralluogo la casa corrisponda a ciò che realmente desideri. Può essere un modo per rendere la tua proposta **più attraente** per il locatore, anche e soprattutto riguardo alla sicurezza di ricevere i pagamenti che gli spettano alle scadenze pattuite.

Nella proposta di affitto, dovrai includere una serie di informazioni chiave:

- **Chi sei:** il tuo nome completo e una breve presentazione di te stesso.

- **Che lavoro fai:** descrivi la tua professione e, se possibile, quanto tempo sei stato impiegato nel tuo attuale posto di lavoro.

- **Con chi vivrai nell'appartamento:** se prevedi di condividere l'appartamento con altre persone, dovresti includere i loro nomi e le loro relazioni con te.

- **Interesse per l'appartamento:** indica chiaramente la tua intenzione di prendere in locazione l'appartamento e il motivo del tuo interesse.

- **Garanzia alternativa alla fideiussione:** spiega in dettaglio la tua proposta per garantire i pagamenti, attingendo possibilmente alle garanzie alternative che ti abbiamo già spiegato, incluse le idee meno convenzionali che potresti avere per "rassicurare" il proprietario.

La tua proposta di affitto deve essere un documento ben scritto.

Assicurati che sia chiaro, conciso e privo di errori grammaticali. Inoltre, è importante che la proposta sia consegnata in modo appropriato: a mano, per posta raccomandata con ricevuta di ritorno o inviata tramite PEC (Posta Elettronica Certificata), se tu e il proprietario ne possedete una.

Ricorda sempre di mettere **per iscritto che la validità della tua proposta di affitto è condizionata all'esito del sopralluogo dell'appartamento:** in caso di eventuali problemi – rilevati durante il sopralluogo – che il proprietario non è disposto a risolvere o a negoziare nel contratto di locazione, la tua proposta di affitto decadrà, liberando entrambe le parti da qualsiasi obbligo.

Di seguito inseriamo un piccolo modello di proposta d'affitto che ti sarà utile per scrivere la tua lettera d'intenti.

```
[Il tuo nome]
[Il tuo indirizzo completo]
[Nome del proprietario]
[Indirizzo completo del proprietario]

Data: [Data odierna]
```

Oggetto: **Proposta di affitto** per l'appartamento sito in [*indirizzo dell'appartamento*]

Gentile [Nome del *proprietario*],
Mi chiamo [*il tuo nome*], lavoro come [*la tua professione*] e sono interessato/a a prendere in locazione il Suo appartamento sito in [*indirizzo dell'appartamento*]. Il Suo appartamento mi ha molto colpito perché [*spiega perché ti piace quella casa, cosa ti ha colpito: la zona, la vicinanza all'ufficio, il palazzo. Indica bene le tue necessità e perché hai bisogno proprio di quella casa*]. Insieme a me vivranno [*nomi e relazioni delle persone che eventualmente vivranno con te*]. La mia dichiarazione dei redditi e qualsiasi altro documento utile per verificare la mia credibilità finanziaria e personale sono a Sua disposizione ove Lei lo ritenesse necessario [*se sei un libero professionista puoi allegare anche un "bilancino" redatto dal tuo commercialista che contenga una previsione del fatturato che prevedi di sviluppare e che si quantifica sulla base del fatturato dell'anno precedente*].
Posso anche farLe recapitare una lettera di presentazione della mia persona a cura del mio datore di lavoro e comunque sono pronto/a a discutere personalmente con Lei ogni condizione e termine del contratto di locazione al fine di poter addivenire

a un accordo che risulti di reciproca soddisfazione. So che Lei richiede garanzie a tutela della Sua proprietà e del pagamento del canone e delle spese accessorie, per questo desidero esprimere la mia disponibilità a garantire l'adempimento delle obbligazioni di cui dovrei farmi carico in virtù del contratto che andremmo eventualmente a sottoscrivere. Sarebbe utile discutere insieme di tutte le garanzie alternative alla fideiussione personale o bancaria che Le offrano una tutela ma che risultino per me meno gravose.
Sono consapevole dell'importanza di una verifica accurata dello stato dell'appartamento di Sua proprietà. Pertanto, mi rendo disponibile per un sopralluogo nel giorno e nell'orario a Lei più comodi. Resta inteso che la presente proposta è condizionata all'esito del sopralluogo congiunto che mi auguro potremo fare a breve e dopo il quale potremmo discutere ulteriormente i termini e le condizioni del contratto di locazione.
La mia proposta resta valida fino a [*data di scadenza della proposta, di solito 15 giorni dopo la data di invio*].
Augurandomi che possa prendere in considerazione la mia proposta, resto in attesa di un Suo riscontro per procedere a una discussione più dettagliata di tutti gli aspetti della locazione.
Cordiali saluti,
[Tuo *nome*]
[Tuo *numero di telefono*]
[Tuo *indirizzo e-mail*]

Ti ricordo che puoi utilizzare questo modello anche nel caso in cui la tua proposta venga inoltrata al proprietario tramite agenzia immobiliare. Nel qual caso, suggeriamo di integrarla per rendere la tua offerta più interessante.

In questo capitolo abbiamo parlato di...

Esistono **garanzie alternative** alla fideiussione, che resta comunque la più richiesta dai locatori.

Alcune alternative comprendono la **polizza fideiussoria assicurativa**, in cui a farti da fideiussore è una compagnia assicurativa.

Puoi anche valutare altre forme di assicurazione, come una **polizza di rischio locativo** o una **polizza di responsabilità civile** del proprietario.

Anche dimostrare la tua **affidabilità personale** può fare la differenza: presentarti come un conduttore responsabile, con un lavoro stabile e una buona storia di pagamenti, **può aumentare le tue possibilità** di essere accettato dal proprietario.

Infine, presentare una **proposta d'affitto** efficace può essere determinante per ottenere il contratto di locazione, per questo abbiamo inserito un modello che puoi usare per redigere la tua proposta in maniera efficace.

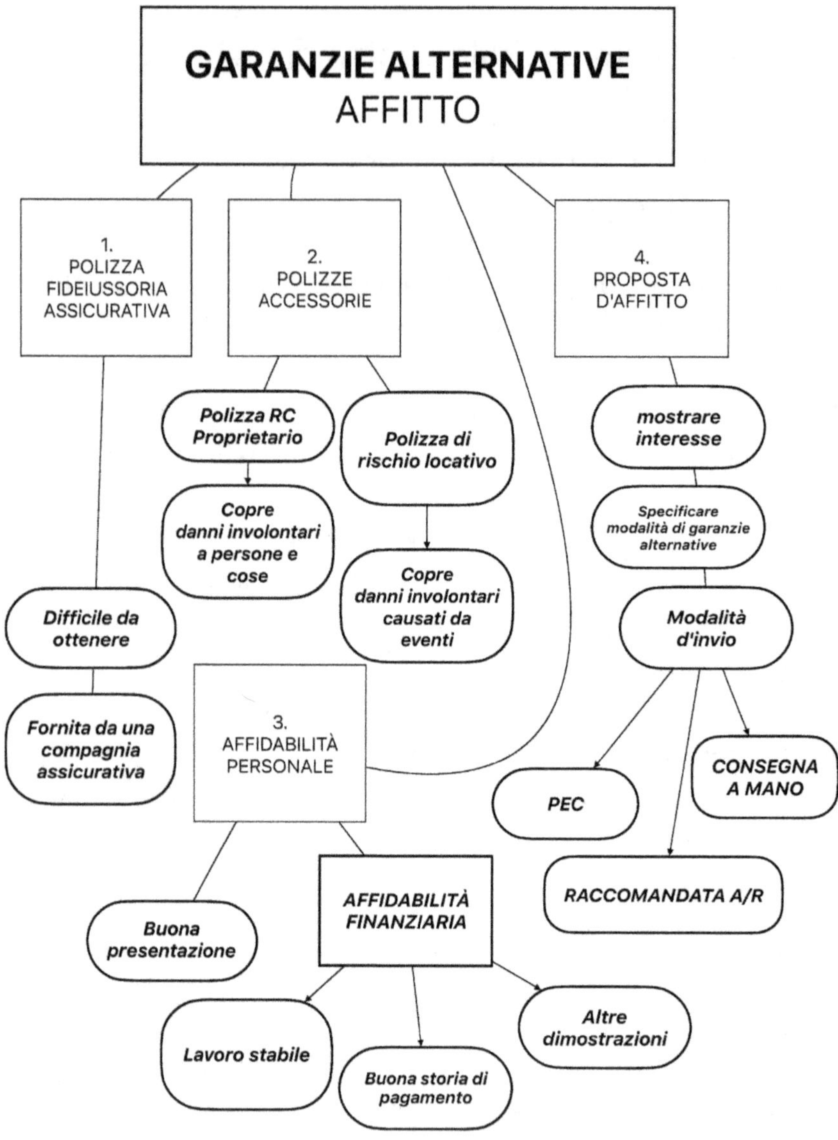
GARANZIE ALTERNATIVE
AFFITTO
1.
POLIZZA
FIDEIUSSORIA
ASSICURATIVA
2.
POLIZZE
ACCESSORIE
4.
PROPOSTA
D'AFFITTO
Polizza RC
Proprietario
Polizza di
rischio locativo
mostrare
interesse
Copre
danni involontari
a persone e
cose
Specificare
modalità di garanzie
alternative
Difficile da
ottenere
Copre
danni involontari
causati da
eventi
Modalità
d'invio
Fornita da una
compagnia
assicurativa
3.
AFFIDABILITÀ
PERSONALE
PEC
CONSEGNA
A MANO
Buona
presentazione
AFFIDABILITÀ
FINANZIARIA
RACCOMANDATA A/R
Lavoro stabile
Buona storia di
pagamento
Altre
dimostrazioni

8. LA LISTA CHE TI SERVE: il sopralluogo

Dopo aver trovato casa – da soli o tramite agenzia – e aver raggiunto un accordo formale con il proprietario, affrontiamo l'ultimo passaggio cruciale prima di prendere in mano il contratto: il sopralluogo!

È fondamentale, perché è proprio durante il sopralluogo che avrai l'opportunità di valutare attentamente la proprietà, esaminare i vari elementi strutturali e funzionali e identificare potenziali problemi che potrebbero necessitare di ulteriori indagini e/o riparazioni.

Il Codice Civile all'articolo 1575, numero 1, impone chiaramente al locatore:

1. Il dovere di consegnare la proprietà in un **buono stato di manutenzione.**
2. **Il dovere di mantenerla** in stato da servire all'uso convenuto.
3. **Il dovere di garantirne il pacifico godimento** durante tutta la durata della locazione.

Il concetto di "buono stato" può essere interpretato in molti modi, ma generalmente si riferisce a un'abitazione che è adeguata, sicura e pronta per l'uso previsto.

Ti consigliamo di controllare soprattutto i **tre punti seguenti**, a costo di dover chiamare una persona cara che se ne intenda più di te o di avvalerti di un tecnico per un'analisi più approfondita:

L'impianto elettrico: se è in cattivo stato, non solo può rappresentare un rischio per la sicurezza, ma può anche causare inconvenienti quotidiani, come frequenti interruzioni di corrente o insufficiente fornitura di energia per i dispositivi elettronici.

Per evitare situazioni del genere, è importante esaminare attentamente l'impianto, verificare la presenza di interruttori automatici, valutare il numero e la disposizione delle prese elettriche e controllare l'efficienza della fornitura di energia.

- **L'usura generale dell'immobile:** potrebbe includere problemi con infissi e porte, come serrature difettose, finestre che non chiudono correttamente, o porte che fanno rumore.

  Durante il sopralluogo, maneggia più cose possibili, apri tutte le porte e le finestre per verificare la loro funzionalità.

  Inoltre, cerca di valutare anche l'integrità di pavimenti, pareti e soffitti. Controlla le aree umide – come bagno e cucina – dove possono manifestarsi problemi di umidità o muffa – soprattutto nelle case al pianoterra o seminterrati – che possono danneggiare gravemente le condizioni di salute con il passare del tempo.

- **I termostati:** se difettosi, non solo possono portare a un disagio termico, ma possono anche causare un aumento significativo dei costi energetici. Controlla tutti i termostati presente nell'abitazione, assicurandoti che funzionino correttamente e che mantengano una temperatura costante.

Queste sono solo alcune delle molte questioni che possono emergere durante un sopralluogo, ma l'importante è **non avere paura di risultare pedante**, di metterci troppo tempo o di fare troppe domande durante un sopralluogo. **Il tuo obiettivo è trovare una casa,** non solo un posto in cui vivere.

Qualsiasi vizio o danno che dovesse sfuggirti durante il sopralluogo con ogni probabilità verrà imputato a te dal proprietario, che avrà il proverbiale "coltello dalla parte del manico".

Nel contratto di locazione, infatti, troverai una simpatica clausola che afferma:

«Il conduttore ha preso visione del bene locato e lo ha trovato in buono stato locativo e adatto all'uso convenuto».

Questa clausola ha un peso significativo e implica che il locatore ha assolto agli obblighi previsti dall'articolo 1575 del Codice Civile che abbiamo già nominato, e implica che se si scoprisse successivamente che qualcosa non funziona durante il periodo di locazione, **sarà necessario discuterne con il proprietario**, che potrebbe sostenere che l'immobile era in condizioni accettabili al momento della visione e che qualsiasi danno successivo dovrebbe essere per forza addebitato al conduttore.
Alla fine del periodo di locazione, il locatore potrebbe addirittura addebitarti eventuali danni preesistenti che non erano stati rilevati o evidenziati precedentemente.

L'attenzione ai dettagli rappresenta un grande vantaggio: tutto ciò che noti durante il sopralluogo **potrebbe influire sul canone di locazione** che concorderai in seguito, e ciò che non funziona bene e che richiede **piccoli interventi di manutenzione** può essere uno strumento di negoziazione per ridurre il canone – ad esempio, potresti proporti di ritinteggiare le pareti più rovinate in cambio di uno sconto sui primi due mesi d'affitto!

Dunque, ti consigliamo di farti fornire una lista di professionisti (elettricisti, caldaisti, idraulici, imbianchini, muratori) che conoscono già la casa e che potrebbero essere utili in caso di problemi.

Sebbene il sopralluogo non sia un obbligo di legge, sarebbe una sciocchezza non farlo, per mettere poi nero su bianco, in un **verbale**, tutti i difetti della casa.

Il verbale potrebbe sembrare un semplice foglio di carta, ma se redatto bene registra in modo dettagliato lo stato dell'immobile, compresi aspetti quali i condizionatori, i termosifoni, gli infissi e gli impianti.

Facciamo un piccolo esempio per capire come un verbale di sopralluogo possa essere determinante.

Nella casa che hai visitato ci sono dei condizionatori.
È importante annotare sul verbale quando questi sono stati installati e quando è stata effettuata l'ultima manutenzione, perché il proprietario deve garantire che funzionino, e se dovessero smettere di funzionare è suo compito provvedere a sue spese alla loro riparazione o sostituzione.

E se non lo fai e non chiedi o non controlli il loro funzionamento?

Supponiamo che tu inizi la locazione a gennaio, e poi a luglio – con 40 gradi all'ombra – scopri che i condizionatori non funzionano o si rompono il giorno dopo il primo utilizzo.
In assenza di un accordo scritto, come potresti richiedere al proprietario di ripararli o sostituirli? Come puoi dimostrare che non sia stato un tuo utilizzo improprio a danneggiarli?

Ti troveresti quindi in una situazione difficile.
Che fare?
Intentare una causa al proprietario? Sospendere il pagamento del canone?
Scappare in Messico e assumere una nuova identità?
Diciamo che non sono opzioni valide, motivo per cui il verbale è fondamentale!

Per aiutarti, abbiamo inserito un modello di verbale che puoi prendere come ispirazione per il tuo prossimo sopralluogo!

VERBALE DI SOPRALLUOGO

Località e data: [*da inserire*]

Presenti:

- Sig./Sig.ra [*Nome e Cognome del locatore*], in qualità di proprietario dell'immobile.

- Sig./Sig.ra [*il tuo Nome e Cognome*], in qualità di futuro conduttore dell'immobile.

Oggetto: Verifica condizioni dell'immobile sito in [*inserire l'indirizzo completo dell'immobile*].

Nel corso del sopralluogo effettuato in data odierna, le seguenti condizioni dell'immobile sono state verificate e annotate:

1. Condizioni generali dell'immobile:
Descrizione dettagliata delle condizioni delle pareti, dei pavimenti, dei soffitti, delle porte e delle finestre, degli impianti elettrici, idraulici e di riscaldamento, ecc.

2. Condizioni specifiche degli impianti:
- **Condizionatori:** Verificato lo stato attuale e la funzionalità. Data di installazione e ultima manutenzione effettuata sono state confermate dal locatore.

- **Termosifoni:** Stato e funzionamento verificati, eventuali anomalie riportate.

- **Impianto elettrico**: Verificato lo stato e il corretto funzionamento delle prese e degli interruttori.

- **Impianto idraulico**: Verificate le condizioni delle tubazioni, dei rubinetti e lo stato di funzionamento dell'acqua calda e fredda.

- **Infissi**: Verificato lo stato delle finestre e delle porte, il funzionamento delle serrature e degli scuri.

3. Mobili, arredi ed elettrodomestici:

Condizioni dei mobili e degli arredi presenti nell'immobile valutate e annotate. Verificato il funzionamento degli elettrodomestici e annotata l'ultima manutenzione.

4. Danni o problemi evidenziati:

Rilevati i seguenti danni o problemi durante il sopralluogo _________________________________ concordiamo che questi saranno risolti dal locatore prima dell'inizio del periodo di locazione, a meno che non sia stato diversamente accordato.

5. Interventi di manutenzione o riparazione previsti:

Fissate le date e le modalità per eventuali interventi di manutenzione o riparazione da eseguire prima dell'inizio della locazione.

Il presente verbale verrà allegato al contratto di locazione che le parti andranno a formalizzare e ne costituirà parte integrante ed essenziale. Pertanto, eventuali problematiche non segnalate nel presente verbale e che dovessero sorgere successivamente alla firma del contratto di locazione saranno gestite a cura e spese del locatore, salvo che si tratti di danni causati dal conduttore.

Firma del locatore: ……….
Firma del conduttore: ……….

In questo capitolo abbiamo parlato di…

Il sopralluogo è un passaggio fondamentale prima di firmare il contratto di locazione.

Durante il sopralluogo, devi **valutare attentamente la proprietà**: controllare l'impianto elettrico, l'usura generale dell'immobile e i termostati.

Presta attenzione ai dettagli, poiché quello che accetti potrà essere oggetto di discussioni con il proprietario: **se ti è sfuggito qualche difetto** o non lo hai fatto presente, **probabilmente non verrà aggiustato dal proprietario**, se non in casi gravi.

Alcuni difetti che noti potrebbero persino **influire sul canone di locazione** in fase di trattativa.

Fai redigere un **verbale dettagliato** che registri lo stato dell'immobile.

Il verbale può essere determinante in caso di controversie future, per questo ti abbiamo fornito un modello base da seguire.

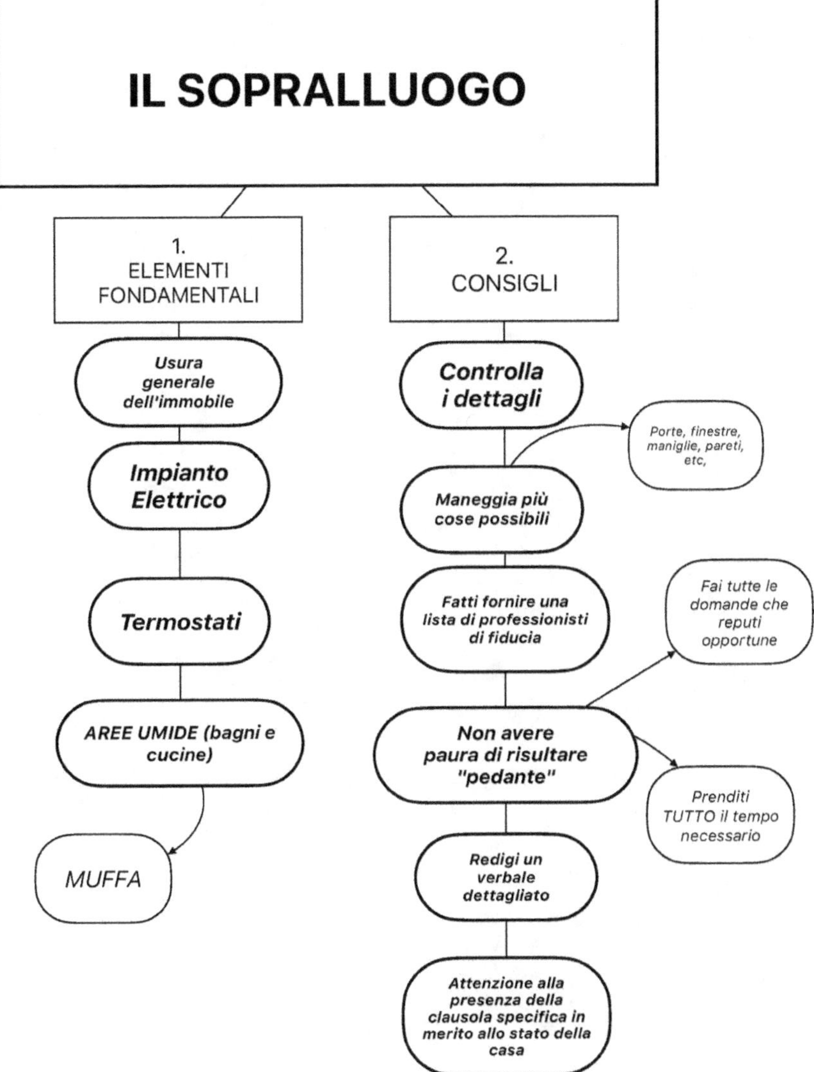
IL SOPRALLUOGO
1.
ELEMENTI FONDAMENTALI
2.
CONSIGLI
Usura generale dell'immobile
Controlla i dettagli
Porte, finestre, maniglie, pareti, etc,
Impianto Elettrico
Maneggia più cose possibili
Termostati
Fatti fornire una lista di professionisti di fiducia
Fai tutte le domande che reputi opportune
AREE UMIDE (bagni e cucine)
Non avere paura di risultare "pedante"
Prenditi TUTTO il tempo necessario
MUFFA
Redigi un verbale dettagliato
Attenzione alla presenza della clausola specifica in merito allo stato della casa

9. LE REGOLE DEL CONTRATTO PERFETTO: i principali contratti di locazione

Prima di proseguire, ecco un piccolo resoconto degli argomenti che abbiamo affrontato per capire a che punto siamo arrivati:

- Abbiamo trovato la nostra casa ideale, attraverso un'attenta ricerca online o affidandoci alla giusta agenzia immobiliare.

- Abbiamo posto le migliori domande al proprietario per assicuraci che la casa fosse davvero giusta per noi e che fosse in linea con il nostro budget.

- Abbiamo fatto una proposta al proprietario dell'immobile, fornendogli le garanzie richieste o proponendogli altri tipi di garanzie che sappiamo di poter rispettare.

- Abbiamo effettuato un attento sopralluogo e abbiamo redatto un verbale che dà conto di tutti gli eventuali difetti e ce ne libera da qualsiasi responsabilità.

E adesso, non ci resta che firmare il contratto… giusto?
Giusto, ma il contratto **va letto per bene prima di firmarlo**.

Proprio per questo, potrebbe esserti utile leggere quali sono le caratteristiche più importanti per ciascun contratto di locazione, così da saper riconoscere un buon contratto da un pericoloso pezzo di carta.

Contratto a Canone Libero "4+4"

Questo tipo di contratto ha due grandi vantaggi: la libertà contrattuale e l'autonomia negoziale.

Questi principi permettono a te e al locatore – sempre restando entro i limiti della Legge 431/98 e del Codice Civile – di modellare il contratto secondo le vostre specifiche esigenze.

Come? Attraverso l'antichissima arte della **negoziazione**!

Questo tipo di contratto non ha vincoli rigidi sul canone: puoi concordarlo liberamente con il locatore. Quindi, se ti senti in vena di contrattare, è il momento per farlo.

Poi ci sono i lavori di manutenzione: magari la casa è un po' vecchiotta e ha bisogno di qualche ritocco: potreste accordarvi affinché svolga tu stesso alcuni dei lavori in cambio di un canone ridotto.

È un po' come andare al ristorante, ordinare un piatto ma cucinarlo tu stesso per avere uno sconto: poco ortodosso, però può funzionare.

Per quanto riguarda le migliorie all'immobile – magari è necessario installare una porta blindata o cose simili –, se preferisci, potresti chiedere al locatore di occuparsene in cambio di un piccolo aggiustamento del canone mensile o viceversa.

Un altro punto importante riguarda il preavviso per la disdetta del contratto: la legge prevede un preavviso di sei mesi, ma potresti concordarne uno più breve se pensi sia meglio per te.

Infine, c'è la questione delle comunicazioni. La legge prevede l'uso della raccomandata con ricevuta di ritorno, ma potreste anche comunicare tramite PEC (se entrambi ne avete una) o – come ultima spiaggia – semplicemente tramite e-mail. L'importante è indicare nel contratto di locazione la modalità delle vostre comunicazioni.

Se il contratto non prevede forme diverse dalla raccomandata con ricevuta di ritorno, bisognerà rispettare tale prescrizione, perché una comunicazione inviata in forme alternative **non sarebbe valida** e potrebbe essere contestata dalla controparte.

Mi raccomando: **niente telefonate, messaggi o WhatsApp per le comunicazioni più importanti**, perché devi avere sempre la certezza che il proprietario le abbia ricevute.

Potrà sembrare scontato dirlo, ma ribadirlo non fa mai male: **il contratto di locazione deve essere redatto in forma scritta**!

Questa disposizione è espressa chiaramente nell'articolo 1, comma 4, della legge 431/1998, che esplicita la nullità assoluta di un contratto verbale. Ciò serve a contrastare **l'evasione fiscale**.

Oltre alla forma scritta, è obbligatoria **la registrazione del contratto di locazione**, che deve avvenire entro 30 giorni dalla data della sua decorrenza, che solitamente coincide con la data della firma del contratto.

La registrazione non è soltanto una formalità burocratica, ma un obbligo legale stringente. Secondo la sentenza numero 15582 del 04.06.2021 della Corte di Cassazione, Sezione 3^ Civile, un contratto di locazione non registrato è considerato nullo. Tuttavia, nel caso in cui il contratto venga registrato tardivamente, esso può produrre **effetti retroattivi**, limitatamente al periodo di durata del rapporto indicato nel contratto successivamente registrato.

Il contratto "4+4" – come suggerisce il nome – **non può avere una durata inferiore a quattro anni**, al termine dei quali il contratto viene automaticamente rinnovato per un ulteriore periodo di 4 anni, salvo motivi di natura eccezionale che consentono al locatore di disdire la locazione alla scadenza dei primi 4 anni.

Se nel contratto viene inserita una durata legale inferiore ai quattro anni, **la clausola è nulla** e la durata effettiva del contratto sarà comunque di quattro anni, più altri quattro anni di rinnovo automatico eccetto i motivi di natura eccezionale.

Non vi è nulla che impedisca di stabilire una durata superiore, ma il minimo di durata legale non può mai essere inferiore.

Questo non significa, per, che tu **sei legato al contratto in maniera vincolante**: puoi disdire il contratto alla prima scadenza contrattuale, manifestando – almeno 6 mesi prima – la tua volontà di non proseguire la locazione per ulteriori 4 anni, oppure puoi disdire quando vuoi a patto di rispettare i termini di disdetta inseriti nel contratto.

Parleremo più avanti della disdetta e del rinnovo dopo gli 8 anni previsti dal contratto, nel caso tu voglia rimanere in quella casa.

Contratto a Canone Concordato "3+2"

A differenza della locazione "4+4", la durata, l'importo del canone e le altre condizioni contrattuali per il contratto "3+2" sono regolamentate in contratti tipo (o modelli) delineati dal Decreto del Ministero delle Infrastrutture e dei Trasporti del 16 gennaio 2017 e che possono essere consultati sul sito web www.normattiva.it.

Se il contratto viene modificato o non segue il modello, potrebbero esserci ripercussioni sui benefici fiscali e addirittura sulla validità del contratto stesso.

In una locazione convenzionata, l'importo del canone non è liberamente negoziato tra locatore e conduttore, ma è invece determinato entro un limite minimo e massimo fissati da accordi territoriali. Questi accordi sono stipulati a livello locale dalle organizzazioni maggiormente rappresentative della proprietà edilizia (come UPPI, Confedilizia, APPC) e dei conduttori (come ANIA, Sunia).

Non si tratta di un processo arbitrario: la definizione del canone concordato prende in considerazione una serie di **parametri ben precisi**, come la metratura della casa, la zona della città, lo stato di manutenzione dell'immobile, la presenza di servizi – ascensore, impianti di condizionamento, dispositivi per il superamento delle barriere architettoniche, giardino condominiale e molto altro –, gli arredamenti interni e le eventuali pertinenze, come il parcheggio o il box auto.

Le tabelle con l'indicazione dei valori di riferimento per queste variabili possono essere facilmente reperite presso l'ufficio del Comune o presso le associazioni degli inquilini o dei proprietari.

Un altro aspetto fondamentale riguarda la durata del contratto. Secondo la legge, il contratto deve avere una **durata minima di tre anni**, al termine dei quali viene automaticamente prorogato per altri due anni.
La proroga è obbligatoria per il locatore, non per il conduttore: puoi infatti decidere di non rinnovare il contratto comunicandolo con un preavviso di almeno 6 mesi.

La regola è chiara, ma la giurisprudenza ha fornito interpretazioni diverse sul punto, creando qualche incertezza.
Infatti, esiste una certa flessibilità nella durata del contratto: pur rispettando la durata minima legale di 3 anni, ci sono degli spazi di manovra che permettono di modificare la durata del contratto.

Quindi, un contratto "3+2" può diventare "4+2", "5+2" o "6+2".

Questo tipo di contratto è così regolamentato che **non puoi firmarlo quando e come ti pare**: deve essere firmato alla presenza delle organizzazioni territoriali della proprietà edilizia e dei conduttori.
Se il contratto viene stipulato autonomamente dalle parti, sarà necessario l'attestato di un'organizzazione firmataria dell'accordo territoriale, che conferma la rispondenza del contratto al modello tipo.
Insomma, è tutto molto complesso, ma ci sono anche dei vantaggi da considerare.

Il contratto di locazione "3+2" è spesso preferito sia dai locatori che dai conduttori per diversi motivi: ha una durata legale più breve che lo rende più flessibile, offre **benefici fiscali ai proprietari** e consente al conduttore di prendere in affitto una casa a un canone più basso, con condizioni contrattuali più bilanciate.

Una delle agevolazioni fiscali più interessanti per i locatori è la **cedolare secca**: il conduttore non deve pagare l'imposta di registro e di bollo sulla locazione per la parte a suo carico, oltre a non doversi preoccuparsi di aumenti Istat o di altro tipo.

Abbiamo imparato i tipi di contratto più utilizzati per le locazioni lunghe, ma ne esistono altri tipi che rispondono a esigenze diverse, ed è proprio di questi che parleremo nei prossimi capitoli.

In questo capitolo abbiamo parlato di...

Il contratto a canone libero "4+4" offre libertà contrattuale e permette la negoziazione del canone e delle condizioni.

Puoi anche concordare lavori di manutenzione o migliorie all'immobile.

La disdetta richiede un **preavviso di 6 mesi**, ma può essere concordato un periodo più breve.

Le comunicazioni devono avvenire con raccomandata con ricevuta di ritorno.

Il contratto deve essere scritto e registrato entro 30 giorni dalla firma.

Ha una **durata minima di 4 anni**, rinnovabile automaticamente per altri 4 anni.

Puoi disdire il contratto alla prima scadenza contrattuale o rispettando i termini di disdetta stabiliti.

Il contratto a canone concordato "3+2" ha condizioni regolate da modelli predefiniti.

Il canone è determinato da accordi territoriali.

Ha una **durata minima di 3 anni**, automaticamente prorogata per altri due anni.

Puoi decidere di non rinnovare il contratto dando un **preavviso di 6 mesi.**

Il contratto deve essere firmato alla presenza di organizzazioni territoriali e rispettare i modelli tipo, e offre diversi **benefici fiscali** sia per i locatori che per i conduttori, come la **cedolare secca**.

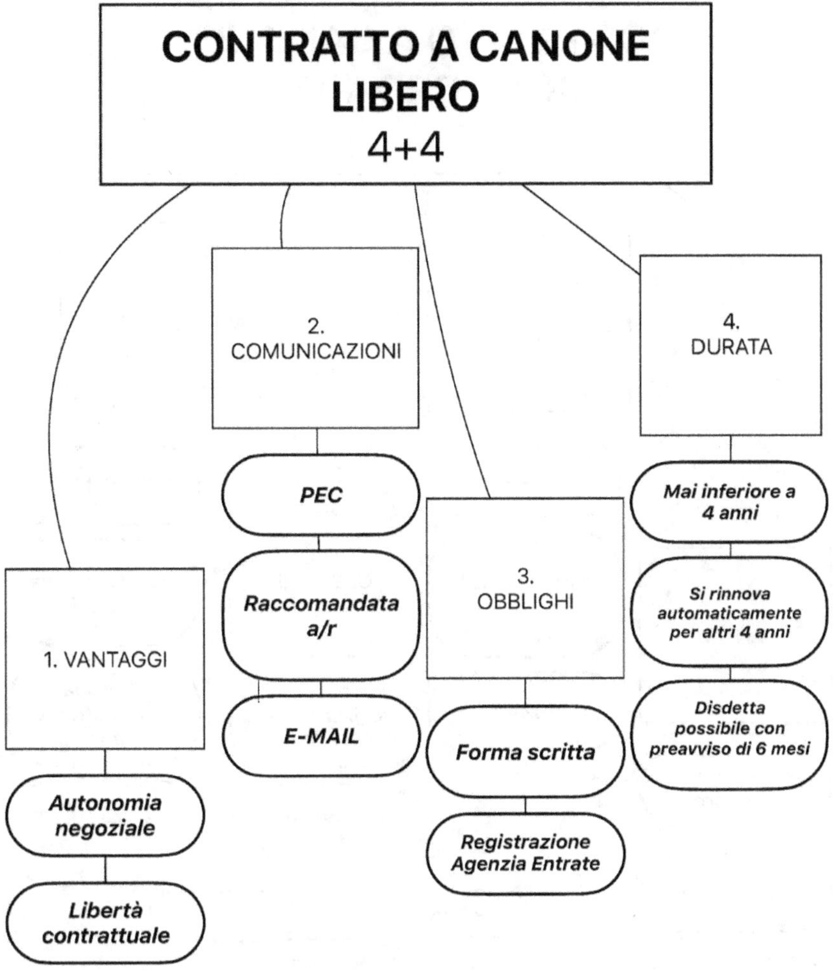

CONTRATTO A CANONE LIBERO
4+4
2. COMUNICAZIONI
PEC
Raccomandata a/r
E-MAIL
4. DURATA
Mai inferiore a 4 anni
Si rinnova automaticamente per altri 4 anni
Disdetta possibile con preavviso di 6 mesi
3. OBBLIGHI
Forma scritta
Registrazione Agenzia Entrate
1. VANTAGGI
Autonomia negoziale
Libertà contrattuale

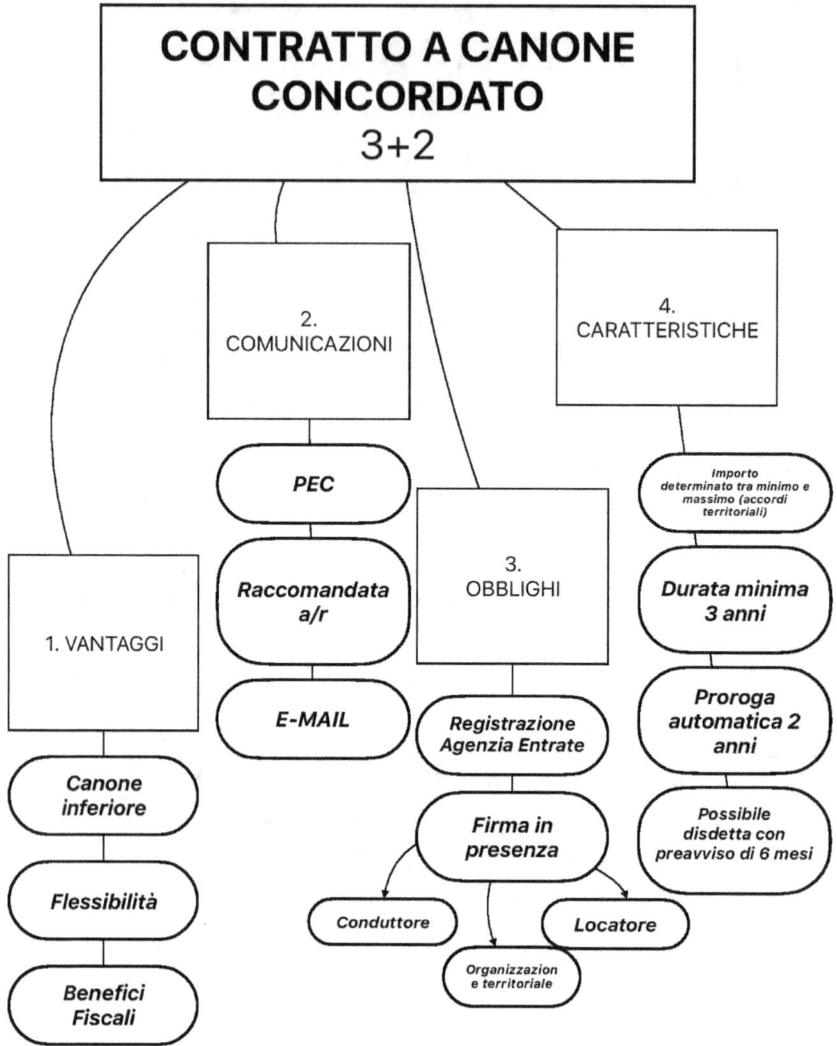
CONTRATTO A CANONE CONCORDATO
3+2
2. COMUNICAZIONI
4. CARATTERISTICHE
PEC
Raccomandata a/r
E-MAIL
3. OBBLIGHI
1. VANTAGGI
Importo determinato tra minimo e massimo (accordi territoriali)
Durata minima 3 anni
Canone inferiore
Registrazione Agenzia Entrate
Proroga automatica 2 anni
Flessibilità
Firma in presenza
Possibile disdetta con preavviso di 6 mesi
Benefici Fiscali
Conduttore
Locatore
Organizzazion e territoriale

10. BREVE MA INTENSO: i contratti di locazione transitoria

Potrebbe capitare più volte, nel corso delle nostre vite, di ritrovarci ad affrontare periodi di transizione o cambiamento che richiedono soluzioni abitative temporanee.

Alcune situazioni sono precisate nel Decreto del Ministero delle Infrastrutture e dei Trasporti del 16 gennaio 2017 (d'ora in poi DM 2017), come ad esempio:

- Un trasferimento di lavoro.
- L'assunzione di un nuovo incarico di studio.
- La necessità di vivere temporaneamente in una città diversa per assistere un parente malato.
- Un apprendistato o una formazione professionale.
- La necessità di vivere in un altro appartamento durante la ristrutturazione della prima casa.
- Una separazione di fatto, quando i coniugi si prendono del tempo a distanza per riflettere, dunque uno dei due ha bisogno di un'abitazione provvisoria.

Per venire incontro a tali necessità, sono nati i contratti di **locazione transitoria**, una tipologia di contratto che risponde a esigenze specifiche e temporanee del proprietario o del conduttore.

La locazione abitativa transitoria è regolamentata dalla legge 431/98, articolo 5, e dal Decreto del Ministero dei Trasporti e delle Infrastrutture del 16 gennaio 2017.

Un contratto di locazione transitoria ha una durata massima di 18 mesi e può essere stipulato per soddisfare esigenze particolari – come quelle che abbiamo già citato – che devono essere specificate, in modo da poterle verificare al bisogno (Corte di Cassazione, Sezione 3^ Civile, nella sentenza n. 18942 del 16 luglio 2019).

Le organizzazioni locali che rappresentano proprietari di case e inquilini (Sunia, Confedilizia, UPPI, Unioncasa) possono aiutarti, nella firma di un contratto transitorio, a capire se il canone proposto rientra nei parametri corretti, considerando variabili come la posizione dell'immobile, la rendita catastale e lo stato di manutenzione. Il modello di contratto tipo è disponibile sul sito www.normattiva.it, che abbiamo già citato.

Se decidi di fare tutto da solo, dovrai comunque ottenere un'approvazione da una di queste organizzazioni, per avere la sicurezza che il contratto sia stipulato correttamente e ottenerne i dovuti benefici fiscali (di cui parleremo nell'ultimo capitolo).

Se decidi di terminare il contratto prima della sua naturale scadenza, dovrai informare il proprietario con una lettera scritta almeno un mese prima, o entro il termine indicato nel contratto. Valgono le stesse regole sulle comunicazioni tra proprietario e conduttore per gli altri tipi contrattuali.
Alla fine del contratto, la locazione finirà automaticamente a meno che tu non decida di rinnovarla.
Il rinnovo è possibile per un periodo **massimo di 18 mesi**, ma solo se hai ancora bisogno di un alloggio temporaneo come descritto nel contratto: se scegli di rinnovare il contratto, devi mettere per iscritto la tua decisione, **specificando tutti i motivi** per cui hai ancora diritto a un'abitazione transitoria.

Se non lo fai, dovrai restituire le chiavi di casa al proprietario.

Infine, se resti nella casa oltre il periodo di rinnovo di 18 mesi, dovrai adeguarti a un tipo di contratto standard, a canone libero o a canone concordato.

Un aspetto comune dei contratti di locazione transitoria è che spesso coinvolgono appartamenti **completamente arredati** proprio per rendere l'affitto più veloce e agevole per il conduttore.

È qui che deve entrare in gioco **l'attenzione ai dettagli** di cui abbiamo già parlato nel capitolo sul sopralluogo: ogni singolo pezzo di arredamento e ogni elettrodomestico dovrebbero essere accuratamente elencati nel contratto o in un allegato che ne costituisce parte integrante.
Questo elenco dovrebbe essere menzionato esplicitamente nel contratto e firmato sia da te che dal proprietario.

La ragione dietro tale precisione è piuttosto semplice: **devi sapere esattamente cosa ricevi insieme all'immobile** e in che stato di manutenzione si trova tutto. In questo modo, alla fine del periodo di locazione, non ci saranno dubbi su cosa dovrai restituire al proprietario.
Se vuoi fare le cose ancora meglio, ti consigliamo di registrare questa lista insieme al contratto di locazione presso l'Agenzia delle Entrate.

A volte, questo contratto potrebbe valere solo per una parte dell'immobile, ad esempio **l'affitto di una stanza** all'interno di una casa che potrebbe essere abitata da altri inquilini o dal proprietario stesso, con cui condividerai gli spazi comuni come la cucina, il salotto o il bagno.
In questi casi, è di fondamentale importanza che il contratto **specifichi quale parte dell'immobile stai affittando**. Potrebbe essere utile avere una sorta di "regolamento" che indica quali spazi puoi utilizzare e quali comportamenti sono consentiti o proibiti. Se possibile, sarebbe ideale allegare un documento

che descrive graficamente la porzione di immobile che stai prendendo in affitto registrando anche questo presso l'Agenzia delle Entrate, insieme al contratto.

Questo tipo di arrangiamento è comune, ad esempio, tra gli studenti universitari, che possono usufruire di un contratto breve fatto su misura per le loro esigenze.
Lo esamineremo più da vicino nel prossimo capitolo.

In questo capitolo abbiamo parlato di...

I contratti di **locazione transitoria** sono adatti a **situazioni temporanee** come trasferimenti di lavoro, studi, assistenza a parenti malati, ristrutturazioni, separazioni, ecc.

Hanno una **durata massima di 18 mesi** e devono specificare le esigenze particolari.

È consigliabile ottenere l'approvazione di organizzazioni locali per garantire la corretta stipula del contratto e benefici fiscali.

La disdetta richiede un **preavviso di almeno un mese** o il termine indicato nel contratto. Il rinnovo è possibile per altri 18 mesi se si ha ancora bisogno di un alloggio transitorio.

Gli appartamenti transitori sono **spesso completamente arredati**, e ogni dettaglio dell'arredamento dovrebbe essere elencato nel contratto.

È importante **specificare la porzione dell'immobile** in caso di **affitto di una stanza** all'interno di una casa condivisa.

Si consiglia di registrare l'arredamento e, se possibile, una descrizione grafica della porzione affittata presso l'Agenzia delle Entrate.

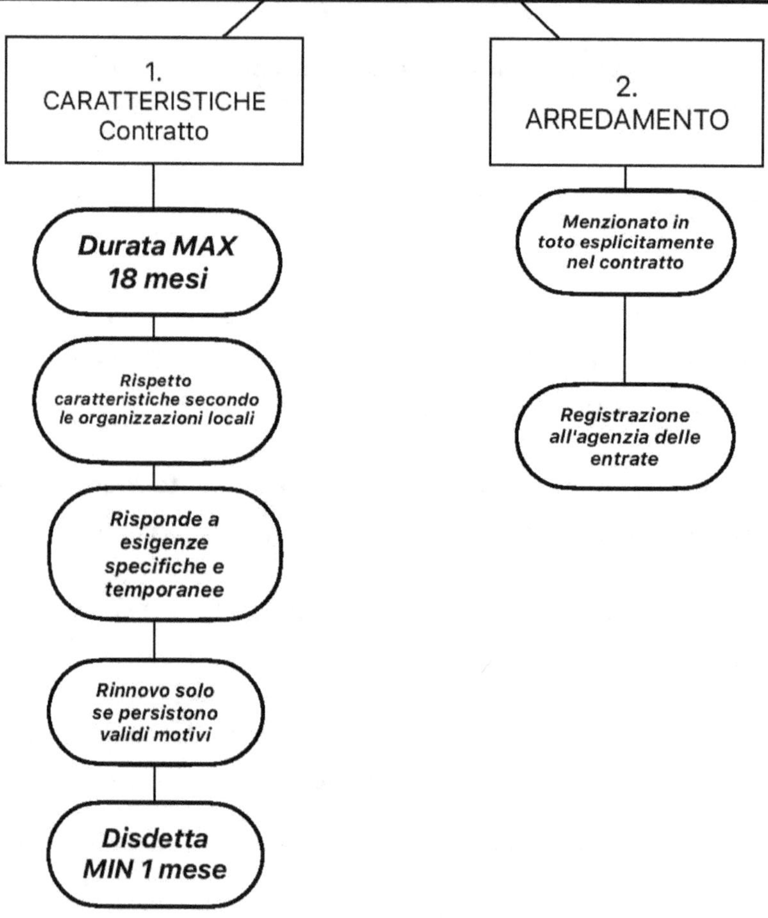
CONTRATTI DI LOCAZIONE
TRANSITORIA
1.
CARATTERISTICHE
Contratto
2.
ARREDAMENTO
Durata MAX
18 mesi
Rispetto
caratteristiche secondo
le organizzazioni locali
Risponde a
esigenze
specifiche e
temporanee
Rinnovo solo
se persistono
validi motivi
Disdetta
MIN 1 mese
Menzionato in
toto esplicitamente
nel contratto
Registrazione
all'agenzia delle
entrate

11. PERFETTI SCONOSCIUTI: la locazione per studenti universitari

Una particolare tipologia di locazione transitoria risponde alle esigenze temporanee abitative degli studenti che si trovano lontano da casa, i quali necessitano di **"una casa lontano da casa"** solo per il tempo necessario a completare il percorso di studi.

Secondo l'articolo 3 del Decreto Ministeriale del 16 gennaio 2017 (d'ora in poi DM 2017), nei Comuni sede di università, corsi universitari distaccati, specializzazioni, e istituti di istruzione superiore, oppure nei Comuni limitrofi, è possibile stipulare contratti di locazione per studenti universitari.

Questi contratti possono avere una **durata variabile**, da 6 mesi a 3 anni, e sono rinnovabili alla prima scadenza. Bisogna soltanto comunicare la disdetta con un preavviso di almeno un mese, ma non oltre 3 mesi prima.

L'importo del canone di locazione viene stabilito in base agli accordi locali, i quali vengono negoziati con la partecipazione delle organizzazioni di proprietari e conduttori maggiormente rappresentative, dalle aziende per il diritto allo studio, dalle associazioni degli studenti, e da altre cooperative ed enti senza scopo di lucro operanti nel settore.

Un dettaglio interessante è che, per questi contratti, **non si verifica l'aumento ISTAT**, ovvero il canone annuale non subisce alcuna modifica a prescindere dal tasso di inflazione.

Esistono alcune condizioni specifiche da rispettare nei contratti di locazione per studenti universitari:

- **Devi essere residente in un Comune diverso da quello in cui studi**, condizione da indicare chiaramente nel contratto.

- **L'immobile che affitti deve essere nel Comune in cui studi**, in un Comune limitrofo, o nel Comune in cui si svolgono i corsi che frequenti.

- **È possibile affittare anche una sola stanza:** in questo caso, è importante avere un regolamento interno da applicare tra te e gli altri coinquilini.

- **Quando il contratto è stipulato dalle aziende per il diritto allo studio**, tu non sei il conduttore dell'immobile o della stanza, ma l'utilizzatore. L'azienda per il diritto allo studio è il conduttore responsabile del rapporto contrattuale con il proprietario.

- **Il contratto deve essere obbligatoriamente quello del modello tipo** allegato al DM 2017.

- **L'importo massimo** del canone applicabile non può superare le fasce previste per i contratti a canone concordato.

- **È vietata la sublocazione**, ovvero l'affitto di tutta o parte della casa a terzi.

- **Tutti i coinquilini sono obbligati a pagare il canone di locazione**, a patto che siate firmatari dello stesso contratto e non abbiate contratti individuali di locazione con lo stesso proprietario, circostanza che ti spiegheremo a breve.

- **Sono previste specifiche agevolazioni fiscali** anche se non percepisci redditi.

- **Per le spese di riscaldamento e di condominio** puoi fare riferimento alle tabelle oneri accessori allegata al DM 2017.

Se il contratto è **cointestato a più studenti**, la questione della disdetta può essere più complessa: se uno degli studenti decidesse di andare via, il canone di locazione potrebbe subire un aumento per te, perché tutti siete obbligati verso il locatore a corrispondere il canone risultante dal contratto. Tuttavia – con il consenso del locatore – **è possibile sostituire lo studente** che lascia l'immobile con un altro disposto ad accettare le condizioni del contratto esistente.

Se invece il locatore ha sottoscritto un **contratto di locazione separato con ciascuno studente**, ogni contratto ha la propria autonomia in termini di durata e condizioni, quindi il tuo affitto non potrà subire alcuna variazione.

Il giorno in cui decidi di lasciare l'immobile, è utile compilare un **verbale di riconsegna delle chiavi** dell'appartamento, documento che funge da liberatoria e che deve contenere una clausola in cui si specifica che il locatore **non ha più nulla da pretendere da te**: è una prova importante che potrebbe salvarti da future richieste economiche.
Per lo stesso motivo, se condividi l'appartamento con altri coinquilini, potrebbe essere utile ottenere una liberatoria anche da loro.

Ricorda, queste sono solo linee guida generali: nei contratti di locazione per studenti **ogni situazione è unica e può variare** a seconda del contratto e del locatore, per questo fa sempre bene consultare un professionista!

La locazione per studenti universitari offre un'opzione conveniente per gli studenti che devono spostarsi per motivi di studio. Questo contratto offre infatti **flessibilità e convenienza**; è importante però essere a conoscenza delle condizioni e delle regole specifiche che lo regolamentano, che servono proprio a evitare che qualche "furbo" possa approfittare di una serie di vantaggi che non gli spettano, facendo passare un contratto di locazione normale per un contratto per studenti.

Oltre al contratto di natura transitoria – di cui il contratto per studenti universitari fa parte –, esistono contratti di locazione ancora più brevi, della durata uguale o inferiore a 30 giorni, in cui le parti hanno la libertà di negoziare sia il canone sia gli oneri accessori come il condominio e il riscaldamento.

Questa tipologia di contratto è conosciuta come "locazione breve", che può includere anche la "locazione turistica", di cui parleremo a breve.

In questo capitolo abbiamo parlato di...

La locazione per studenti universitari è una soluzione abitativa **temporanea** per gli studenti lontani da casa per motivi di studio.

I contratti hanno una durata variabile e **il canone è stabilito dagli accordi locali** delle associazioni di categoria. Inoltre il canone di questo contratto non subisce l'aumento ISTAT.

Questo contratto ha diversi requisiti da rispettare, come ad esempio **la residenza in un Comune diverso da quello di studio.**

Offre la possibilità di affittare anche **una sola stanza** all'interno di un appartamento abitato da altri che potrebbero essere **cointestatari** dello stesso contratto di locazione: in questo caso è consigliato l'utilizzo di un **regolamento interno** tra coinquilini.

Alla fine della locazione, conviene **documentare la riconsegna delle chiavi** in forma scritta.

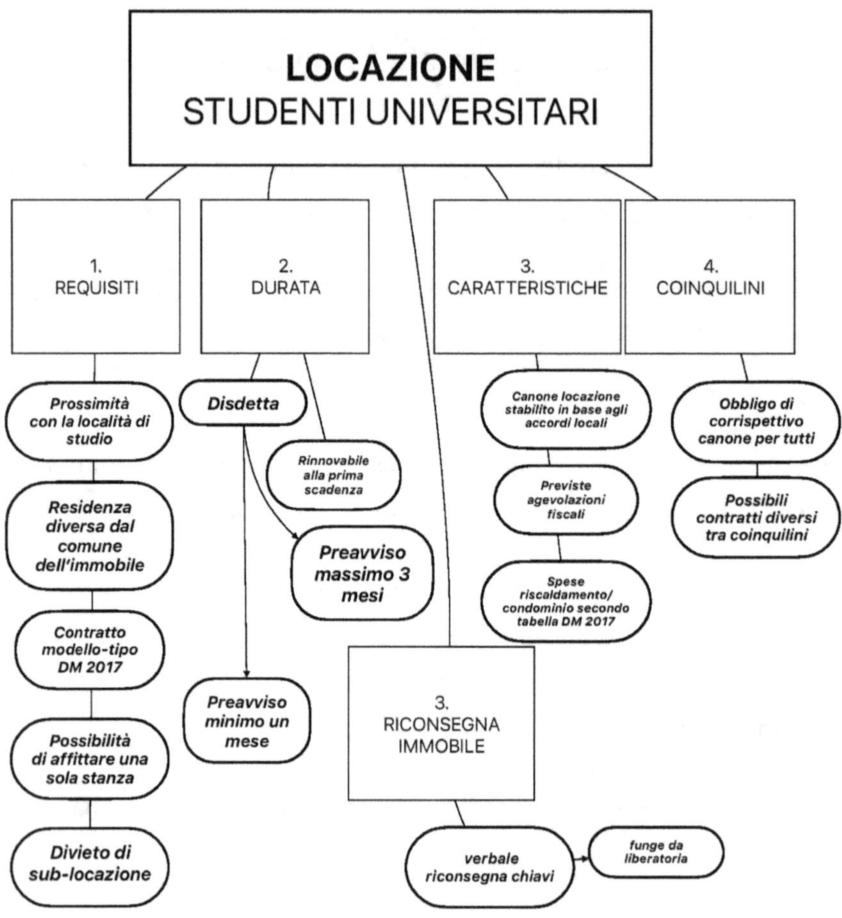
LOCAZIONE
STUDENTI UNIVERSITARI
1.
REQUISITI
2.
DURATA
3.
CARATTERISTICHE
4.
COINQUILINI
Prossimità con la località di studio
Residenza diversa dal comune dell'immobile
Contratto modello-tipo DM 2017
Possibilità di affittare una sola stanza
Divieto di sub-locazione
Disdetta
Rinnovabile alla prima scadenza
Preavviso massimo 3 mesi
Preavviso minimo un mese
3.
RICONSEGNA IMMOBILE
verbale riconsegna chiavi
funge da liberatoria
Canone locazione stabilito in base agli accordi locali
Previste agevolazioni fiscali
Spese riscaldamento/ condominio secondo tabella DM 2017
Obbligo di corrispettivo canone per tutti
Possibili contratti diversi tra coinquilini

12. UNA POLTRONA PER TRE: situazioni particolari: proprietà condivisa e contratti cointestati

Abbiamo pensato che possa essere utile parlare di alcune situazioni che possono sorgere in un contratto di locazione, un po' più complesse ma non così rare come potresti pensare: la proprietà condivisa e i contratti cointestati.

La **proprietà condivisa** indica quella situazione in cui prendi una casa in affitto, ma quell'immobile ha più di un proprietario. Come stabilito da una sentenza della Corte di Cassazione – la numero 18069 del 5 luglio 2019 –, se più persone sono proprietarie di una casa, ciascuna di esse ha gli stessi poteri di gestione.

In pratica, avere uno o più locatori **per te è praticamente la stessa cosa.**

Di conseguenza, un contratto di locazione è valido anche se solo uno dei proprietari lo ha firmato.

Questo perché la locazione, se non supera i 9 anni, **è considerata un atto di ordinaria amministrazione,** che può essere eseguito da ciascun comproprietario anche individualmente e senza il consenso preventivo degli altri.

Nel caso in cui dovesse nascere una diatriba legale tra i proprietari, questa **non avrebbe mai nulla a che fare con te**, che avrai agito in buona fede.

In caso di disdetta, essa è valida anche se inviata da uno solo dei comproprietari, ma è tuttavia opportuno verificare che tutti i comproprietari siano d'accordo con la disdetta, per evitare potenziali conflitti.

Un'altra situazione che potrebbe venirsi a creare è quella del **contratto cointestato**, una circostanza poco comune nelle abitazioni destinate all'uso di una famiglia, in cui il contratto di locazione non ha alcuna necessità di essere intestato a entrambi i membri della coppia: di solito viene intestato a una sola persona che specifica nel contratto l'identità di tutte le persone che risiederanno nell'immobile, disposizione che ne garantisce la successione nel caso in cui il firmatario venga a mancare.

Al contrario – come abbiamo già visto –, è una prassi consolidata nei contratti di locazione per studenti, ma può succedere in altre situazioni di **condividere la stessa casa** pur non facendo parte della stessa famiglia, e quindi di essere contestatari dello stesso contratto.
In questo caso, tutti i conduttori si assumono ciascuno una responsabilità *pro-rata* per il pagamento dell'affitto e di tutti gli altri obblighi derivanti dal contratto.
Questa opzione presenta un **vincolo di solidarietà**, per cui se uno dei conduttori non paga la sua parte, gli altri conduttori potrebbero essere tenuti a coprire il mancato pagamento.

Nel caso di un contratto cointestato, ogni conduttore ha la facoltà di esercitare il proprio diritto di recesso, rispettando le modalità e i tempi indicati nel contratto. Al momento del recesso, gli altri conduttori possono scegliere se rimanere nel contratto – coprendo la quota dell'inquilino in uscita – o cercare un sostituto.
La ricerca di un sostituto **va sempre comunicata al locatore**, che deve autorizzare il subentro di un'altra persona nel contratto di locazione. Il proprietario potrebbe non gradire la persona che proponi come sostituito, ma

non può pretendere di stipulare un nuovo contratto o di aumentarti l'affitto.

Le condizioni sono e restano quelle iniziali: alle brutte, se non trovi nessuno, ti ritroverai a pagare il canone concordato per intero.

Riguardo al deposito cauzionale versato all'inizio della locazione, la responsabilità della sua restituzione ricade sul locatore. Tuttavia, se il conduttore in uscita trova un sostituto, può farsi restituire il deposito direttamente dal nuovo conduttore.

In questo caso è importante **fare attenzione alle spese condominiali e alle bollette**, che potrebbero non essere state ancora approvate o calcolate al momento del recesso del contratto, quindi a maggior ragione è consigliabile stipulare un verbale di riconsegna che chiarisca tali responsabilità, per evitare possibili dispute future.

In questo capitolo abbiamo parlato di…

Nel caso di **proprietà condivisa**, se più persone sono proprietarie di un immobile in affitto, ogni proprietario ha gli stessi poteri di gestione.

Quindi, un contratto di locazione è valido anche se firmato solo da uno dei proprietari.

In caso di dispute legali tra i proprietari, **non hai nulla a che fare** con esse, purché tu agisca in buona fede.

Nel caso di un **contratto cointestato**, tutti i conduttori **condividono la responsabilità** per il pagamento dell'affitto e degli obblighi contrattuali.

Questa opzione implica una solidarietà tra i conduttori, il che significa che se uno di loro non paga la sua quota, gli altri **potrebbero doverla coprire**.

Ogni conduttore ha il **diritto di recedere dal contratto**, rispettando le modalità e i tempi indicati. Gli altri conduttori possono decidere se rimanere nel contratto, coprendo la parte del conduttore uscente, o **cercare un sostituto** previa autorizzazione del locatore.

Il locatore **non può imporre un nuovo contratto o aumentare l'affitto** in caso di sostituzione.

Il deposito cauzionale viene restituito dal locatore ma, se viene trovato un sostituto, può essere restituito direttamente da quest'ultimo.

È importante prestare attenzione alle spese condominiali e alle bollette nel momento del recesso del contratto e stabilire le responsabilità tramite un **verbale di riconsegna** per evitare dispute future.

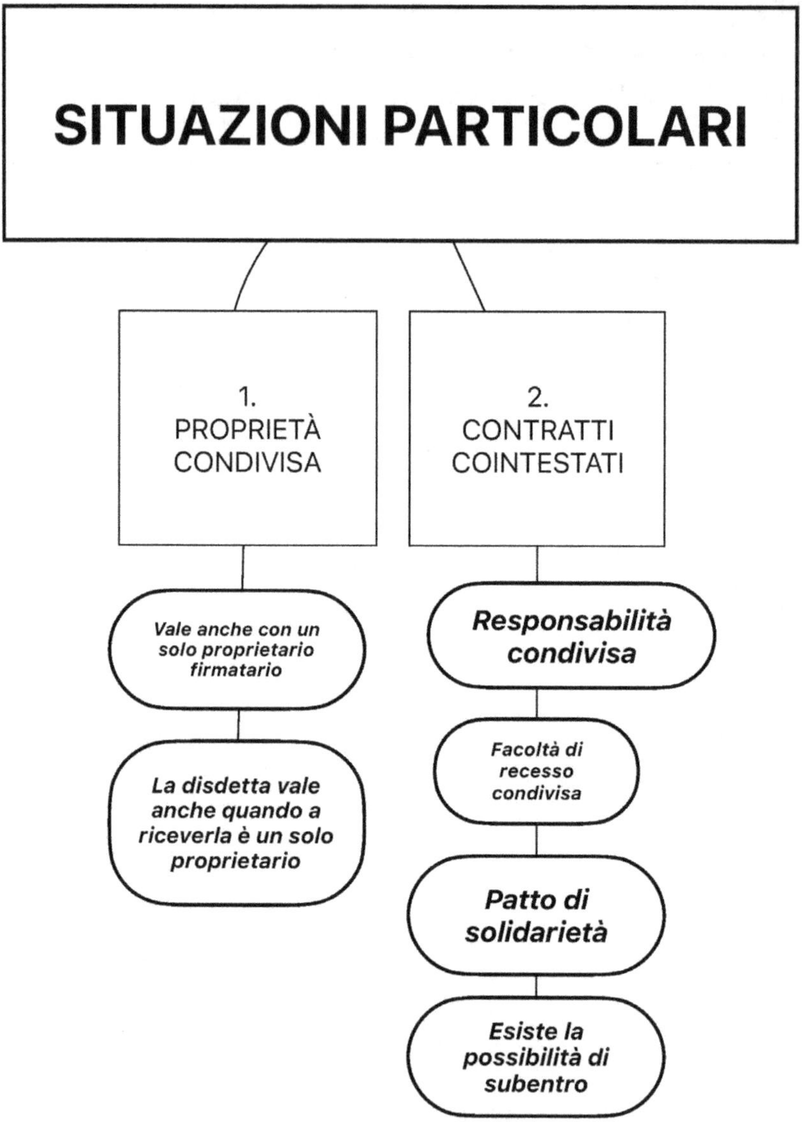

SITUAZIONI PARTICOLARI
1.
PROPRIETÀ
CONDIVISA
2.
CONTRATTI
COINTESTATI
Vale anche con un solo proprietario firmatario
La disdetta vale anche quando a riceverla è un solo proprietario
Responsabilità condivisa
Facoltà di recesso condivisa
Patto di solidarietà
Esiste la possibilità di subentro

13. A QUALCUNO PIACE AL CALDO: la locazione turistica: case vacanze e b&b

Le vacanze sono attese con entusiasmo durante tutto l'anno, ma senza una buona preparazione, possono diventare un incubo.

Con l'incremento degli affitti brevi di case, appartamenti e stanze per le vacanze, è fondamentale avere a disposizione tutte le informazioni necessarie per affrontare eventuali disguidi.

So a cosa stai pensando:

«Anche in vacanza devo pensare ai contratti d'affitto?».

Purtroppo sì, perché anche se spesso sono "nascosti" da una casella che spunti online o da un foglio che ha come intestazione un logo buffo con un cagnolino che fa surf, **quelli che firmi sono pur sempre contratti di locazione!**

Questi contratti – spesso non superiori a 30 giorni – prevedono servizi accessori come la fornitura di biancheria, pulizie, Wi-Fi, aria condizionata e utenze incluse nel prezzo.

Esistono diverse modalità di locazione turistica, che si differenziano a seconda dei servizi offerti:

- **Affitto di una stanza ammobiliata all'interno di un appartamento,** con la possibilità di utilizzare spazi comuni e servizi complementari.

- **Il Bed & Breakfast**, dove l'affitto comprende l'uso della stanza, dei servizi igienici e della prima colazione.

- **L'affitto di un'intera casa per uso turistico**, fornita di cucina e servizi igienici autonomi, senza prestazioni di servizi alberghieri.

La legislazione sul turismo è di competenza delle Regioni, è quindi importante consultare la normativa regionale di riferimento, disponibile sul sito web della Regione, alla voce "strutture ricettive e locazioni turistiche", "turismo" o "affitti brevi".

I locatori di queste strutture devono obbedire a dei particolari adempimenti fiscali, come ad esempio provvedere al **versamento dell'imposta di soggiorno**.

Saperlo ti aiuta soprattutto nel caso in cui la tua vacanza dovesse trasformarsi in un **incubo**.

Potrebbe capitarti di entrare in una struttura che non somigli affatto alle foto che hai visto sul sito, o che abbia danni o difetti che rendono il tuo soggiorno tutt'altro che rilassante.

Come ti devi comportare in questi casi?

È possibile presentare un reclamo al **gestore del portale online**, che ha la responsabilità di risolvere le controversie in base alle condizioni generali di utilizzo del sito.

In caso di necessità, è possibile ricorrere alla piattaforma online della Commissione europea per la risoluzione delle controversie: http://ec.europa.eu/consumers/odr.

Se invece hai trovato la location ideale per la tua vacanza tramite privati o agenzie immobiliari, potrai sempre **ricorrere alla procedura di mediazione** – di cui ti parleremo più avanti – che non ha i costi di un giudizio in Tribunale e può agevolmente portare a una soluzione amichevole.

Tenere conto di questi dettagli non è così complesso.

È un po' come preparare la valigia: è la chiave per una vacanza indimenticabile, che possa concederti un meritato riposo.

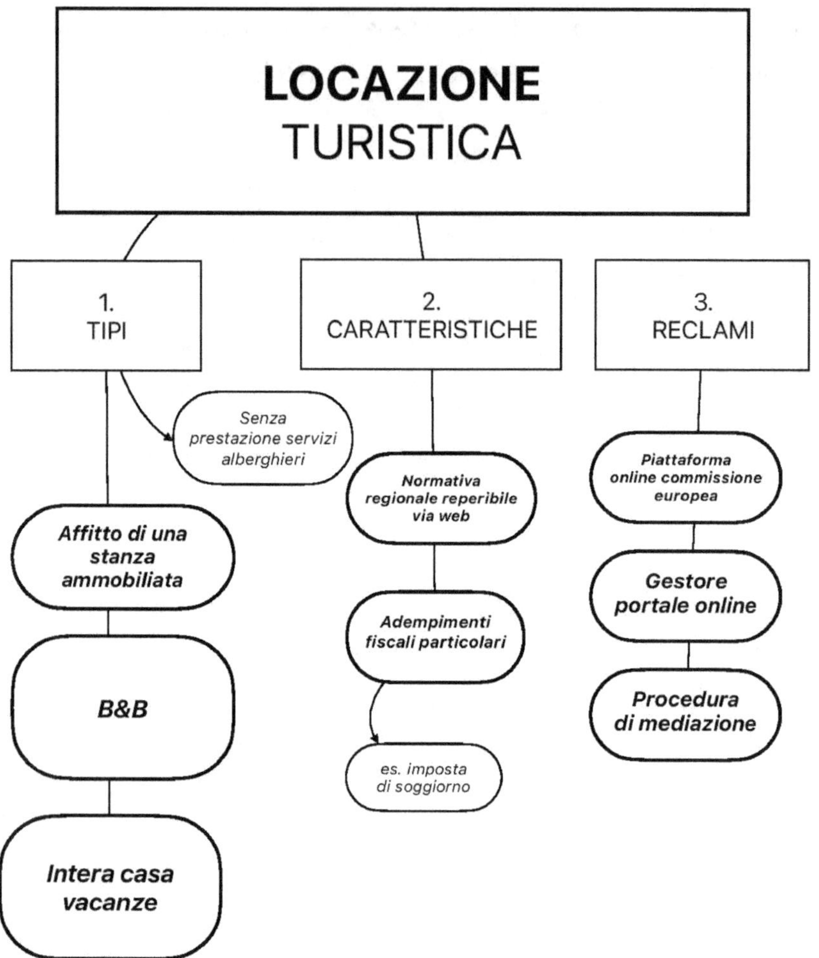

LOCAZIONE
TURISTICA
1.
TIPI
2.
CARATTERISTICHE
3.
RECLAMI
Senza prestazione servizi alberghieri
Affitto di una stanza ammobiliata
B&B
Intera casa vacanze
Normativa regionale reperibile via web
Adempimenti fiscali particolari
es. imposta di soggiorno
Piattaforma online commissione europea
Gestore portale online
Procedura di mediazione

14. "TRAPPOLA" PER TOPI: l'affitto con riscatto: un modo per comprare casa

La scelta di prendere una casa in affitto spesso è legata a una semplice necessità: l'impossibilità di comprare una casa.

L'acquisto di una casa è un'impresa spesso complessa e non sempre è la strada più ovvia e percorribile da tutti.

Esiste un'alternativa interessante pertinente al tema di questo libro: **l'affitto con riscatto.**

Si tratta di un contratto di locazione che include l'opzione di acquisto dell'immobile al termine di un periodo di tempo concordato tra le parti.

Funziona così: ogni mese il conduttore versa al proprietario una somma composta da due quote – **una destinata al canone** di locazione e **una destinata all'acquisizione dell'immobile**. Quest'ultima può essere versata al momento della stipula del contratto, al termine del periodo di affitto o anche mese per mese, insieme al canone.

Al termine del periodo concordato, il conduttore ha la possibilità di decidere se acquistare o meno l'immobile. In caso di rinuncia all'acquisto, può essere stipulato un nuovo contratto di locazione, senza diritto di acquisto.

La durata del contratto di affitto con riscatto **non deve superare i 10 anni**, termine ultimo per risolvere il contratto in base alle opzioni disponibili.

Oltre alla registrazione, l'affitto con riscatto deve essere trascritto presso la conservatoria dei registri immobiliari. In più, il proprietario può risolvere il contratto e agire giudizialmente per riprendere possesso dell'immobile nel caso in cui il conduttore non abbia versato almeno **un ventesimo del totale** delle mensilità concordate, e avrà anche il diritto di **trattenere le quote già versate** precedentemente dal conduttore.

Sembra un sogno, vero? Prima di festeggiare e considerare questa strada, è bene considerare alcuni aspetti:

- **Ogni mese pagheresti una somma superiore** rispetto a un normale contratto di locazione.

- **La somma versata per l'acquisto non viene restituita** se cambi idea e scegli di non acquistare l'immobile, e non è garantita la possibilità di continuare ad abitare l'immobile tramite un nuovo contratto di locazione.

- **Il prezzo totale dell'immobile potrebbe essere superiore** rispetto a un acquisto diretto.

Ricorda sempre di consultare un professionista prima di prendere una decisione così importante. L'acquisto di una casa è un investimento significativo, e come tale richiede una valutazione accurata.

AFFITTO CON RISCATTO
1. CARATTERISTICHE
2. VANTAGGI
3. SVANTAGGI
Non può superare i 10 anni
Trascrizione conservatoria dei registri immobiliari
Due quote mensili
Canone locazione
Acquisto immobile
Diritto di recesso per meno di 1/20 delle mensilità versate
Pagamento mensile
decisione di acquisto a fine contratto
Potenzialmente dispendioso
SE NON ACQUISTI
Non è garantita la stipula di un nuovo tipo di contratto di locazione
La somma versata non viene restituita

15. L'IMPEPATA DI COZZE: l'affitto in nero

Partiamo da un presupposto essenziale: il contratto d'affitto in nero – che altro non è che un contratto che non è stato registrato all'Agenzia delle Entrate – **è assolutamente ILLEGALE** e vietato espressamente dalle norme di legge.

Ma questo – ne siamo sicuri – lo sapevi già.
Purtroppo però sono in molti – locatori e conduttori – a scegliere questa via, attratti dal risparmio economico che deriva dall'evasione fiscale assicurata dall'affitto in nero.

Ti suggeriamo di sottolineare quello che stiamo per dirti e di tenerlo come promemoria: **l'affitto in nero non conviene mai da nessun punto di vista.**
Le motivazioni sono tanto semplici da capire quanto efficaci:

- **Non offre nessuna protezione legale** in caso di dispute tra il locatore e conduttore, e quest'ultimo potrebbe trovarsi senza alcuna base legale su cui far valere i propri diritti.

- **Difficoltà nel recupero crediti:** il proprietario dell'immobile potrebbe avere difficoltà nel recuperare l'importo dell'affitto dovuto in caso di morosità da parte dell'inquilino, poiché manca un contratto formalmente riconosciuto.

- **Impossibilità di sfratto:** in molti casi, il locatore non potrà procedere né con lo sfratto per finita locazione né, tantomeno, con lo sfratto per morosità.

- **Mancanza di benefici fiscali:** entrambe le parti perdono l'accesso a benefici fiscali che potrebbero derivare da un contratto di affitto regolarmente registrato. Ad esempio, gli inquilini potrebbero non essere in grado di detrarre l'affitto pagato dalle tasse, e i locatori potrebbero non beneficiare di agevolazioni fiscali legate alla locazione di immobili.

Non vale la pena rischiare tutto questo per un leggero risparmio sul canone di locazione, non credi?

Questa premessa è necessaria non solo perché potresti star pensando di prendere una casa in nero – cosa che noi non vogliamo che tu faccia –, ma anche perché potresti già essere in questa situazione senza che tu lo sappia!

Andiamo a vedere quali sono i modi in cui si può manifestare la pratica dell'affitto in nero.

Accordo verbale di locazione

Tu e il proprietario dell'immobile vi siete messi d'accordo "a voce" su tutti i dettagli della locazione, ma non lo avete scritto da nessuna parte.
Una situazione simile non solo è dannosa perché annulla i diritti di entrambe le parti, ma rende il vostro accordo completamente nullo davanti alla legge.
Infatti, la sentenza numero 18214 del 17 settembre 2015 delle Sezioni Unite della Corte di Cassazione ha chiaramente affermato la nullità assoluta di un contratto di locazione a uso abitativo stipulato senza la forma scritta perché in contrasto con le norme anti-evasione fiscale.

Nella stessa sentenza la Cassazione fa un'importante specifica, distinguendo **due tipi di accordi verbali di locazione** che hanno delle conseguenze diverse.

Nel caso in cui l'accordo verbale di locazione **sia stato voluto da entrambe le parti** per certi benefici – come ad esempio un canone di locazione più basso –, il proprietario sarà responsabile dell'evasione fiscale e **non potrà procedere allo sfratto** per finita locazione o per morosità, procedure che ti obbligherebbero a lasciare l'appartamento e che studieremo meglio in un secondo momento.

Ovviamente questo non significa che il locatore non abbia modo di rimpossessarsi della sua proprietà, ma per farlo dovrà avviare un'**"azione di occupazione senza titolo"** che ha dei tempi processuali lunghi, ma che non gli preclude la possibilità di richiedere un risarcimento.

Nel caso in cui l'affitto in nero fosse invece **un'imposizione del locatore** per trarre un vantaggio indebito – come l'evasione fiscale –, il conduttore potrà chiedere al Giudice di accertare l'esistenza di una **"locazione di fatto"**, il che significa dimostrare che – seppur non esista un contratto che lo attesti – in quella casa tu ci vivi davvero.

Una volta dimostrato questo, il Giudice ha il potere di riportare il contratto a condizioni conformi alla legge attraverso un'**"azione di riconduzione"**, obbligando il proprietario a restituirti le somme pagate in eccedenza rispetto al canone dovuto, che viene stabilito in base agli accordi conclusi dalle associazioni maggiormente rappresentative dei proprietari e degli inquilini.

Contratto scritto non registrato

Il contratto di locazione scritto **deve obbligatoriamente essere registrato** se la sua durata supera i 30 giorni in un anno.

Questo obbligo comporta il pagamento dell'**imposta di registro** e di bollo al momento della registrazione – che deve avvenire entro 30 giorni dalla data di stipula o dalla sua decorrenza – da parte del locatore, ma il costo per l'imposta di registro **si divide al 50%** tra le parti che ne sono egualmente responsabili.

Un contratto di locazione non registrato è **nullo**, ma questa nullità può essere sanata con una registrazione successiva, che può avvenire in relazione a un'eventuale azione legale del locatore nei tuoi confronti.

Con la registrazione tardiva, la nullità viene sanata e il contratto acquisisce valore, a patto che il canone resti invariato.

Le Sezioni Unite della Corte di Cassazione hanno infatti enunciato un principio chiaro al riguardo: con la sentenza numero 23601 del 9 ottobre 2017 (confermata dall'ordinanza numero 8968 del 30 marzo 2023) è stato stabilito che se le parti stipulano un primo contratto di locazione senza registrarlo, e successivamente un altro contratto con un canone inferiore che viene immediatamente registrato, la registrazione tardiva del primo contratto non può sanarne la nullità.
Questo perché, altrimenti, l'adempimento tardivo dell'obbligo fiscale sarebbe a svantaggio del conduttore, quindi **ad essere valido sarà solo il contratto con il canone più basso.**

Se ti rendi conto che il locatore non ha provveduto alla registrazione del contratto, puoi farlo tu online tramite il sito dell'Agenzia delle Entrate, oppure recandoti personalmente in un ufficio dell'Agenzia delle Entrate o infine delegando il compito a un intermediario abilitato come il CAF.

Accordo verbale di pagamento di un canone superiore rispetto a quello indicato nel contratto scritto e registrato
Se hai stipulato un contratto regolare con il proprietario dell'immobile, ma lui ti chiede una somma aggiuntiva "in nero", il contratto è da considerarsi **nullo**.
Se ti dovessi rifiutare – come dovresti – di versare la somma superiore a quella indicata a titolo di canone nel contratto di locazione, non potrai essere sfrattato né potrai subire un decreto ingiuntivo per le "somme extra" rispetto a quelle previste nel contratto.

Se agisci in tempo, non solo avrai diritto di riportare il contratto a condizioni conformi con applicazione del canone effettivamente convenuto, ma potrai anche chiedere **la restituzione delle somme versate in più** e non dichiarate al fisco!

La legge ti concede infatti un termine fino a 6 mesi da quando lasci l'appartamento per agire contro il locatore. Per provare che ciò sia effettivamente avvenuto, vale la tua testimonianza e quella delle persone con te stabilmente conviventi.

Il termine di 6 mesi, secondo la Corte di Cassazione, Sezione 3^, ordinanza numero 9937 del 13 aprile 2023, ti consente il recupero di tutto quanto indebitamente è stato corrisposto fino al momento della riconsegna dell'immobile al proprietario, rendendo inopponibile nei tuoi confronti qualsivoglia eccezione di prescrizione.

Speriamo vivamente di averti convinto a **evitare l'affitto in nero**, dimostrandoti tutti i motivi per cui è una scelta che porta più guai che altro.

Ora sai tutto quello che ti serve **per firmare un contratto di locazione valido con una piena consapevolezza che ti permetterà di** evitare brutte sorprese **durante la tua permanenza nella casa che hai scelto.**

Arrivati fin qui – affrontando un percorso che prima sembrava fin troppo complicato ma che adesso non ci spaventa più –, con tutto quello che hai imparato non ti resta che una cosa da fare: **posare la penna sul foglio, firmare il contratto, e goderti la tua nuova casa** – almeno fino a quando non sorge qualche problema!

Nella prossima parte affronteremo proprio questi, **qualsiasi tipo di difficoltà tu possa avere** con il proprietario dell'immobile e con i condomini, affrontando le sfide di tutti i giorni.

Non preoccuparti, alla fine avrai gli strumenti per affrontare qualsiasi tipo di situazione relativa a quanto indicato al meglio, è una promessa.

In questo capitolo abbiamo parlato di...

L'affitto in nero, cioè un contratto di locazione non registrato all'Agenzia delle Entrate, **è assolutamente illegale** e vietato dalla legge.

Ci sono diverse situazioni in cui può manifestarsi questa pratica.

- **Accordo verbale di locazione:** Quando l'accordo di affitto viene fatto verbalmente senza essere scritto, il contratto è nullo.

- **Contratto scritto non registrato:** Un contratto di locazione scritto deve essere registrato se la sua durata supera i 30 giorni in un anno. Se il contratto non viene registrato, è nullo.

- **La registrazione tardiva può sanare la nullità**, ma il canone deve rimanere invariato.

- **Accordo verbale di pagamento di un canone superiore:** Se viene richiesto un pagamento extra "in nero" rispetto a quanto indicato nel contratto scritto e registrato, questo contratto è nullo.

- **Il conduttore non può essere sfrattato** né subire un decreto ingiuntivo per le somme extra non dichiarate.

- È possibile riportare il contratto a condizioni conformi e **chiedere la restituzione delle somme pagate in più**.

L'affitto in nero non conviene da nessun punto di vista: non offre protezione legale, rende difficile il recupero dei crediti, impedisce lo sfratto e la possibilità di benefici fiscali.

L'AFFITTO IN NERO
CONSEGUENZE E RISCHI
È SEMPRE NULLO
1. TIPI
È SEMPRE ILLEGALE
Verbale
Scritto ma non registrato
Scritto e registrato MA con diversi accordi verbali
2. CONSEGUENZE
La nullità può essere sanata
Può essere conformato
Nessuna protezione legale
Imposto dal locatore
Voluto da entrambe le parti
Diritto alla restituzione delle somme in più
difficoltà nel recupero crediti
Conduttore può chiedere intervento del giudice
Proprietario non può procedere ad alcuni tipi di sfratto
Non è possibile lo sfratto in mancanza del versamento delle somme extra
Mancanza di benefici fiscali

TERZA PARTE

16. MI SI SONO RISTRETTI I DENARI: come comportarti se non puoi pagare l'affitto

La vita ha un grande pregio: quello di essere imprevedibile.

Questa caratteristica – che la rende il soggetto perfetto per poesie, canzoni o elucubrazioni filosofiche – ha anche degli aspetti negativi.

A chiunque può succedere di avere un imprevisto, **di trovarsi in difficoltà finanziare** impreviste, o di subire dei cambiamenti repentini di vita che impediscano di pagare l'affitto in tempo, o costringano a non pagarlo affatto.

Se ti è successo – o stai vivendo questa situazione proprio adesso, mentre leggi queste parole –, sappi che **non c'è nulla di cui vergognarsi**. Come abbiamo appena detto, **può succedere a chiunque**.

In questi casi, è importante **non evitare il problema e affrontarlo in modo proattivo**, cercando il contatto con il locatore per fronteggiare la situazione con onestà e tempestività.

La prima cosa da fare è parlare con il locatore il prima possibile. Se hai un buon rapporto con il proprietario e se non hai mai avuto problemi con lui, potrebbe essere disposto a concederti una **rateizzazione** o una **proroga** per il pagamento dell'affitto.

È consigliabile non solo parlarne a voce, ma anche inviare una comunicazione scritta in cui evidenzi le tue difficoltà. Se il locatore non è disposto a venire incontro alle tue esigenze, potresti considerare l'idea di avviare una procedura **di mediazione**, che può essere efficace per arrivare a un accordo. Parleremo approfonditamente della mediazione più avanti.

Potresti pensare che alla fine nulla funzionerà e che il proprietario non sarà disposto ad ascoltarti e finirà per avviare una procedura di sfratto per morosità.

Molto probabilmente **ti sbagli**: ricorda che lo sfratto può essere un processo **lungo e costoso**, per te quanto per il locatore.

Sarà nell'interesse di entrambe le parti raggiungere un accordo nel modo più veloce e meno impegnativo possibile.

Ovviamente queste opzioni dovrebbero essere considerate **solo in caso di reale necessità** e non come scappatoia per evitare di pagare l'affitto.

Come vedi, anche quando le situazioni sembrano insormontabili, c'è sempre un'alternativa legale e sicura che ti può dare la possibilità di rimetterti in carreggiata.

Siamo sicuri che questo libro ti aiuterà, fornendoti una mappa concreta di tutte le strade percorribili per far valere i tuoi diritti e fare le cose per bene.

Quando avrai finito, sarai in grado di comprendere e affrontare tutto a testa alta, persino…**la vita di condominio**!

Probabilmente avrai letto quest'ultima frase come se fosse un presagio oscuro, ma fidati di noi: affronteremo questo tema nel prossimo capitolo, e tutto filerà liscio come l'olio!

17. L'INFERNO: il condominio

So che probabilmente starai pensando di saltare questo capitolo a piè pari, a maggior ragione se fai parte del 60% degli italiani – secondo i dati ISTAT più recenti – che in un condominio ci vivono.

Questa forma di abitazione infatti è tanto diffusa quanto **temuta**: la convivenza all'interno di uno spazio condiviso con regole da osservare e decisioni da prendere insieme a dei perfetti estranei può sicuramente creare tensioni.

Nelle prossime righe ci addentreremo in questo intricato labirinto di norme e regole, con l'obiettivo di sciogliere ogni dubbio e rendere la tua vita in condominio un'esperienza più serena possibile.

Inizieremo esaminando le norme vigenti, poi passeremo alle sentenze più recenti della giurisprudenza in materia di condominio, per concludere con qualche **consiglio pratico** su come gestire al meglio le situazioni più comuni.

Prenditi tutto il tempo necessario per leggere e capire tutto.

Anche se adesso potresti non crederci, il condominio può diventare un luogo di convivenza pacifico, se sai come affrontare le sue sfide.

Quando firmi un contratto di locazione, ti impegni a rispettare non solo le regole di civile convivenza, ma anche quelle del **regolamento condominiale** – sempre che esista, non tutti gli edifici ne hanno uno –, per questo è importante leggerlo prima di firmare il contratto e assicurarti che sia in linea con i tuoi diritti – che sono gli stessi del proprietario dell'immobile – e le tue esigenze come conduttore.

Per esempio, se il regolamento non permette di parcheggiare moto nel garage e tu possiedi una moto, il tuo contratto di locazione potrebbe **entrare in conflitto** con le norme condominiali.

A questo proposito, ricordiamo che **nessun regolamento condominiale può negare la presenza di animali** all'interno della tua casa, a meno che tu non abbia uno squalo da compagnia, che richiederebbe una valutazione specifica!

Chi decide qual è il regolamento condominiale?

Per capirlo, è utile fare una parentesi su **come funziona un condominio** e quali sono le figure principali che lo compongono.

L'assemblea condominiale

Puoi immaginarla come il "Parlamento" della struttura, dove tutti i residenti si riuniscono per decidere le sorti della loro piccola società. Si raduna di norma **almeno due volte l'anno** e nelle sue sessioni vengono affrontate decisioni di fondamentale importanza per la vita all'interno del condominio: da quelle più semplici – come **l'approvazione del bilancio** – o più importanti – come **la nomina o la revoca dell'amministratore**, o lavori straordinari sull'edificio.

Ogni sessione ha bisogno di un *quorum* – ovvero un numero minimo di partecipanti – per essere considerata valida.

Una volta raggiunto il *quorum*, le decisioni vengono prese con la maggioranza prevista dalla legge, e tale maggioranza varia a seconda del tipo di provvedimento all'ordine del giorno.

Anche se tu non possiedi l'immobile ma lo hai preso in affitto, **hai ogni diritto di essere al corrente** su quanto deliberato e puoi chiedere ogni copia dei documenti al tuo locatore. Puoi partecipare senza diritto di voto alle assemblee in cui si discute di modifiche degli impianti e degli altri servizi comuni – come il garage, il tetto o il giardino condominiale – che non ricadono su di te, o **con diritto di voto** quando è in discussione l'accensione e lo spegnimento **del riscaldamento e del condizionamento d'aria** o la sua gestione da cui può derivare una spesa o un aggravio di costi a tuo carico.

Se mai dovessi trovarti in disaccordo con una decisione presa in assemblea riguardo ai casi in cui puoi partecipare con diritto di voto, **hai il pieno diritto di contestare la relativa delibera entro 30 giorni** dal momento in cui ne sei venuto a conoscenza.

Inoltre, se ti trovassi ad affrontare la questione davanti a un Giudice e dovessi vincere la tua causa in Tribunale, probabilmente avresti anche il diritto al rimborso delle spese legali e di giustizia.

L'amministratore di condominio

È una figura di grande responsabilità più temuta dell'Innominato nei *Promessi sposi*: da lui dipendono la manutenzione, la suddivisione delle spese condominiali, la convocazione dell'assemblea e la redazione del bilancio.

L'amministratore **non è un monarca incontrastato**, piuttosto è al servizio del condominio, con il dovere di agire nell'interesse dei condomini.

In quanto conduttore, tu **non sei "formalmente" un condomino**, è il locatore ad esserlo. Per questo l'amministratore non è tenuto ad avere rapporti diretti con te.

Tuttavia, **hai ogni diritto di essere messo al corrente della gestione condominiale** con apposita richiesta al locatore e in copia l'amministratore. La mancata risposta alle tue richieste di esaminare il rendiconto della gestione condominiale può legittimarti a opporti alle spese che ti verranno addebitate a titolo di oneri accessori.

Il proprietario dell'immobile invece ha il diritto di richiedere un'azione di responsabilità, che può portare alla rimozione dell'amministratore attraverso un accordo in assemblea o tramite un provvedimento di revoca per giusta causa emesso da un Giudice.

Ora che abbiamo capito come funziona un condominio, passiamo a un tema spinoso che spesso è la causa principale di tutte le liti tra i condomini e soprattutto tra locatore e conduttore: **le spese condominiali.**

Come conduttore, tra i tuoi principali doveri rientra quello **di pagare gli oneri condominiali e di riscaldamento puntualmente** come definito nel tuo contratto di locazione, che in genere ha un'indicazione precisa delle spese a tuo carico, specificando che quell'importo può essere soggetto a **conguaglio,** il quale dipende dal bilancio condominiale.

I bilanci approvati annualmente dall'assemblea di condominio sono due:

- **Il bilancio consuntivo**, che prende in considerazione tutte le spese sostenute nell'anno precedente specificando eventuali differenze da pagare o somme da restituire (il cosiddetto "conguaglio").

- **Il bilancio preventivo**, che elenca tutte le voci di spesa relative alla manutenzione ordinaria e straordinaria delle aree comuni previste per l'anno successivo.

A partire da queste previsioni, vengono stabilite le rate periodiche di spesa per ciascun appartamento.

Queste spese, anche note come "oneri accessori", restano **però una responsabilità del proprietario dell'immobile**: il condominio infatti **non può esigere direttamente da te il pagamento,** ma può rivolgersi solo al proprietario, che avrà diritto di rivalsa su di te in caso tu risultassi moroso o inadempiente nel pagamento.

Per lo stesso motivo – a meno che non sia specificato diversamente nel contratto e l'amministratore ne sia informato – **non sarai tu a pagare**

direttamente il condominio, ma pagherai il proprietario **a titolo di rimborso**.

La situazione condominiale in termini di spese per oneri accessori deve essere ben definita quando firmi il contratto di locazione e al momento del tuo ingresso nell'immobile.

Saranno quindi a tuo carico soltanto le spese di carattere ordinario previste nel bilancio condominiale, ossia quelle relative a servizi comuni come la pulizia, il funzionamento e l'ordinaria manutenzione dell'ascensore, la fornitura di acqua, luce, riscaldamento, ecc.

Non potranno essere a tuo carico le spese straordinarie, come la ricostruzione della facciata del palazzo, il rifacimento del tetto o l'installazione di un ascensore.

Se il contratto di locazione è a canone libero "4+4", può essere previsto un **pagamento forfettario** delle spese condominiali. Questa soluzione può semplificare la tua gestione economica, ma potrebbe comportare il rischio **di pagare più del dovuto**.

Inoltre, per questo tipo di contratto, la Corte di Cassazione ha sottolineato che l'onere di tali spese è legato al fatto che sono strettamente connesse all'uso dell'immobile e che **il locatore non può richiedere il pagamento di somme forfettarie** *a fondo perduto o a titolo di "buona entrata"* che poi risultino **maggiori a quelle realmente dovute al condominio**.

Per sapere quali sono le spese condominiali a tuo carico nei contratti a canone concordato "3+2", in quelli transitori e in quelli per studenti universitari, puoi fare riferimento all'**Allegato D** del DM 2017 che trovi sul sito www.normattiva.it.

È fondamentale sapere prima della firma del contratto quali sono le spese che ti spettano, quando e come devi pagarle (ne abbiamo già parlato all'inizio di questo libro, tra le domande giuste da fare al proprietario dell'immobile), perché al mancato pagamento corrispondono **delle conseguenze**.

Infatti, se ritardi il pagamento di almeno 60 giorni, il proprietario – una volta sanati i debiti di tasca sua – può agire nei tuoi confronti richiedendo uno **sfratto per morosità**, che, se concesso dal Tribunale, **ti costringerà a lasciare l'appartamento** entro un certo periodo di tempo con il pagamento delle spese legali e di giustizia.

Il proprietario può anche ottenere un **decreto ingiuntivo**, un'ingiunzione di pagamento emessa da un Giudice che **ti obbliga a pagare** una determinata somma di denaro oltre agli interessi legali, alle spese legali e alle spese di giustizia.

Ovviamente **hai sempre il diritto di opporti** innanzi al Tribunale, ma dovrai presentare delle prove concrete per delegittimare lo sfratto per morosità e la richiesta di pagamento, ad esempio dimostrando:

- Che hai effettivamente pagato le spese.
- Che il tuo locatore sta chiedendo una somma eccessiva e/o ingiustificata.
- Che il locatore non è tuo creditore perché non ha mai pagato le spese condominiali.
- Che ti è stato impedito di consultare i conti del condominio nonostante tu ne abbia fatto richiesta formale.

Ricorda che prima di effettuare il pagamento hai il diritto di ricevere dal locatore tutti **i dettagli delle spese a tuo carico**, visionando i documenti condominiali che giustificano tali spese – come fatture e ricevute – per verificarne l'effettiva sostenibilità e corretta attribuzione. Puoi anche copiare questi documenti, ma ogni eventuale spesa per la copia è a tuo carico.

Per non avere più alcun dubbio su quali siano le spese che spettano a te o al proprietario dell'immobile inseriamo **la tabella di "Ripartizione tra locatore e conduttore"** concordata tra Confedilizia e Sunia, Sicet e Uniat e registrata il

30 aprile 2014 a Roma, Agenzia delle Entrate, Ufficio territoriale Roma 2, n. 8455/3.

La tabella contiene la maggior parte delle spese che potresti ritrovarti ad affrontare durante la tua vita condominiale; per evitare qualsiasi tipo di fraintendimento futuro, puoi inserire il riferimento alla tabella anche nel tuo contratto di locazione.

ASCENSORE	**A chi spetta**	
Manutenzione ordinaria e piccole riparazioni		Conduttore
Installazione e manutenzione straordinaria degli impianti	Locatore	
Adeguamento alle nuove disposizioni di legge	Locatore	
Consumi energia elettrica per forza motrice e illuminazione		Conduttore
Ispezioni e collaudi		Conduttore
AUTOCLAVE	**A chi spetta**	
Installazione e sostituzione integrale dell'impianto o di componenti primari (pompa, serbatoio, elemento rotante, avvolgimento elettrico, ecc.)	Locatore	
Manutenzione ordinaria		Conduttore
Imposte e tasse di impianto	Locatore	

Forza motrice		Conduttore
Ricarico pressione del serbatoio		Conduttore
Ispezioni, collaudi e lettura contatori		Conduttore
IMPIANTI DI ILLUMINAZIONE, DI VIDEOCITOFONO, DI VIDEOSORVEGLIANZA E SPECIALI	**A chi spetta**	
Installazione e sostituzione dell'impianto comune di illuminazione	Locatore	
Manutenzione ordinaria dell'impianto comune di illuminazione		Conduttore
Installazione e sostituzione degli impianti di suoneria e allarme	Locatore	
Manutenzione ordinaria degli impianti di suoneria e allarme		Conduttore
Installazione e sostituzione dei citofoni e videocitofoni	Locatore	
Manutenzione ordinaria dei citofoni e videocitofoni		Conduttore
Installazione e sostituzione di impianti speciali di allarme, sicurezza e simili	Locatore	
Manutenzione ordinaria di impianti speciali di allarme, sicurezza e simili		Conduttore

Installazione e sostituzione di impianti di videosorveglianza	Locatore	
Manutenzione ordinaria di impianti di videosorveglianza		Conduttore
IMPIANTI DI RISCALDAMENTO, CONDIZIONAMENTO, PRODUZIONE ACQUA CALDA, ADDOLCIMENTO ACQUA, PRODUZIONE DI ENERGIA DA FONTI RINNOVABILI	**A chi spetta**	
Installazione e sostituzione degli impianti	Locatore	
Adeguamento degli impianti a leggi e regolamenti	Locatore	
Manutenzione ordinaria degli impianti, compreso il rivestimento refrattario		Conduttore
Pulizia annuale degli impianti e dei filtri e messa a riposo stagionale		Conduttore
Lettura dei contatori		Conduttore
Acquisto combustibile, consumi di forza motrice, energia elettrica e acqua		Conduttore
IMPIANTI SPORTIVI	**A chi spetta**	
Installazione e manutenzione straordinaria	Locatore	

Addetti (bagnini, pulitori, manutentori ordinari, ecc.)		Conduttore
Consumo di acqua per pulizia e depurazione; acquisto di materiale per la manutenzione ordinaria		Conduttore
IMPIANTO ANTINCENDIO	**A chi spetta**	
Installazione e sostituzione dell'impianto	Locatore	
Acquisti degli estintori	Locatore	
Manutenzione ordinaria		Conduttore
Ricarica degli estintori, ispezioni e collaudi		Conduttore
IMPIANTO CENTRALIZZATO DI RICEZIONE RADIOTELEVISIVA E DI FLUSSI INFORMATIVI		
Installazione, sostituzione o potenziamento dell'impianto centralizzato per la ricezione radiotelevisiva e per l'accesso a qualunque altro genere di flusso informativo anche da satellite o via cavo	Locatore	
Manutenzione ordinaria dell'impianto centralizzato per la ricezione radiotelevisiva e per l'accesso a qualunque altro genere di flusso informativo anche da satellite o via cavo		Conduttore

PARTI COMUNI	A chi spetta	
Sostituzione di grondaie, sifoni e colonne di scarico	Locatore	
Manutenzione ordinaria grondaie, sifoni e colonne di scarico		Conduttore
Manutenzione straordinaria di tetti e lastrici solari	Locatore	
Manutenzione ordinaria di tetti e lastrici solari		Conduttore
Manutenzione straordinaria della rete di fognatura	Locatore	
Manutenzione ordinaria della rete di fognatura, compresa la disostruzione dei condotti e pozzetti		Conduttore
Sostituzione di marmi, corrimano, ringhiere	Locatore	
Manutenzione ordinaria di pareti, corrimano, ringhiere di scale e locali comuni		Conduttore
Consumo di acqua ed energia elettrica per le parti comuni		Conduttore
Installazione e sostituzione di serrature	Locatore	
Manutenzione delle aree verdi, compresa la riparazione degli attrezzi utilizzati		Conduttore

Installazione di attrezzature quali caselle postali, cartelli segnalatori, bidoni, armadietti per contatori, zerbini, tappeti, guide e altro materiale di arredo	Locatore	
Manutenzione ordinaria di attrezzature quali caselle postali, cartelli segnalatori, bidoni, armadietti per contatori, zerbini, tappeti, guide e altro materiale di arredo		Conduttore
Tassa occupazione suolo pubblico per passo carrabile		Conduttore
Tassa occupazione suolo pubblico per lavori condominiali	Locatore	
PORTIERATO	**A chi spetta**	
Trattamento economico del portiere e del sostituto, compresi contributi previdenziali e assicurativi, accantonamento liquidazione, tredicesima, premi, ferie e indennità varie, anche locali, come da CCNL	Locatore 10%	Conduttore 90%
Materiale per le pulizie		Conduttore
Indennità sostitutiva alloggio portiere prevista nel CCNL	Locatore 10%	Conduttore 90%
Manutenzione ordinaria della guardiola	Locatore 10%	Conduttore 90%

Manutenzione straordinaria della guardiola	Locatore	
PULIZIA	**A chi spetta**	
Spese per l'assunzione dell'addetto	Locatore	
Trattamento economico dell'addetto, compresi contributi previdenziali e assicurativi, accantonamento liquidazione, tredicesima, premi, ferie e indennità varie, anche locali, come da CCNL		Conduttore
Spese per il conferimento dell'appalto a ditta	Locatore	
Spese per le pulizie appaltate a ditta		Conduttore
Materiale per le pulizie		Conduttore
Acquisto e sostituzione macchinari per la pulizia	Locatore	
Manutenzione ordinaria dei macchinari per la pulizia		Conduttore
Derattizzazione e disinfestazione dei locali legati alla raccolta delle immondizie		Conduttore
Disinfestazione di bidoni e contenitori di rifiuti		Conduttore
Tassa rifiuti o tariffa sostitutiva		Conduttore
Acquisto di bidoni, trespoli e contenitori	Locatore	

Sacchi per la preraccolta dei rifiuti		Conduttore
SGOMBERO NEVE	**A chi spetta**	
Spese relative al servizio, compresi i materiali d'uso		Conduttore

In questo capitolo abbiamo parlato di...

Prima di firmare un contratto di locazione, è importante **leggere attentamente il regolamento condominiale** per assicurarsi che sia in linea con i propri diritti e le proprie esigenze.

L'assemblea condominiale è un'importante entità decisionale in cui i residenti si riuniscono per prendere **decisioni fondamental**i riguardanti il condominio.

È possibile partecipare alle assemblee senza diritto di voto in alcune questioni e con diritto di voto in altre, come l'accensione o lo spegnimento del riscaldamento o la gestione delle spese ad esso correlate.

L'amministratore di condominio è responsabile della gestione e della manutenzione del condominio, nonché della **suddivisione delle spese**.

È importante notare che, in quanto conduttore, non sei "formalmente" un condomino **ma hai il diritto di essere informato** sulla gestione condominiale attraverso richieste al locatore che riferirà all'amministratore.

Le spese condominiali sono uno dei principali doveri del conduttore e **devono essere pagate puntualmente**.
È fondamentale comprendere **quali spese sono a tuo carico**, specificate nel bilancio condominiale, e quali sono **spese straordinarie a carico del proprietario**.

Il pagamento delle spese condominiali è **responsabilità del proprietario**, che tu paghi in quanto rimborso, se non specificato diversamente nel contratto.

Ritardare il pagamento delle spese condominiali può comportare conseguenze come uno **sfratto per morosità**, al quale hai il diritto di opporti presentando prove concrete e convincenti.

Prima di effettuare il pagamento delle spese, hai il diritto di richiedere al locatore **i dettagli delle spese** a tuo carico e di **visionare i documenti condominiali** che giustificano tali spese.

Abbiamo aggiunto una tabella che racchiude la maggior parte delle spese condominiali specificando se la responsabilità sia tua o del locatore.

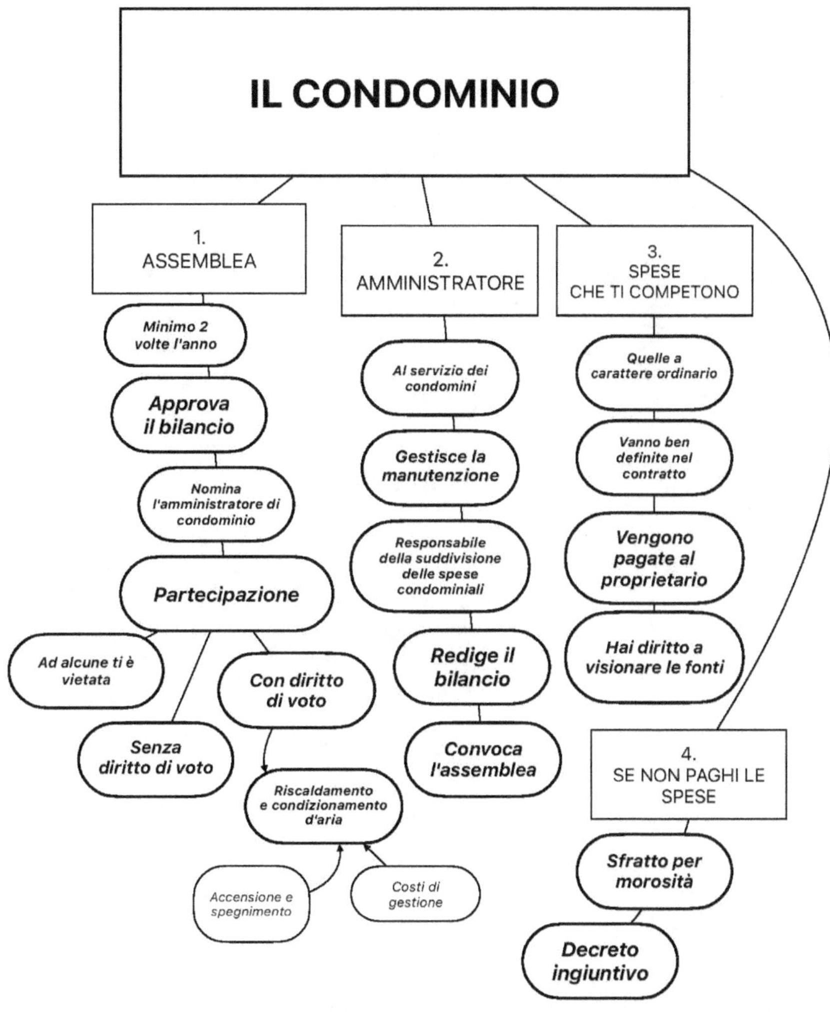
IL CONDOMINIO
1.
ASSEMBLEA
Minimo 2 volte l'anno
Approva il bilancio
Nomina l'amministratore di condominio
Partecipazione
Ad alcune ti è vietata
Con diritto di voto
Senza diritto di voto
Riscaldamento e condizionamento d'aria
Accensione e spegnimento
Costi di gestione
2.
AMMINISTRATORE
Al servizio dei condomini
Gestisce la manutenzione
Responsabile della suddivisione delle spese condominiali
Redige il bilancio
Convoca l'assemblea
3.
SPESE CHE TI COMPETONO
Quelle a carattere ordinario
Vanno ben definite nel contratto
Vengono pagate al proprietario
Hai diritto a visionare le fonti
4.
SE NON PAGHI LE SPESE
Sfratto per morosità
Decreto ingiuntivo

18. DOBBIAMO PARLARE: la manutenzione dell'appartamento in affitto

Ora che hai affittato la tua casa, devi prendertene cura.

La domanda nasce spontanea: chi si deve occupare della sua manutenzione?

Non puoi avere questo dubbio ogni volta che un rubinetto perde o un elettrodomestico si guasta, ma la risposta è...**dipende!**

È vero che – come abbiamo visto nei primi capitoli – quando firmi il contratto affermi di stare accettando la casa «*nello stato di fatto e di diritto in cui si trova*», ma questo **non vuol dire che non hai il diritto di denunciare eventuali difetti dell'immobile che prima non avevi notato**, sempre che le tue richieste siano ragionevoli: sicuramente non puoi chiedere di far cambiare il pavimento perché preferisci il parquet!

In linea generale, **il proprietario** dell'immobile ha l'obbligo di consegnarti un immobile in buone condizioni e **deve occuparsi dei vizi**: tutte le riparazioni necessarie per garantire che l'immobile sia abitabile e adatto all'uso, compresi gli interventi di manutenzione ordinaria e straordinaria.

Ogni malfunzionamento – o anche "piccole riparazioni" – sono invece generalmente **a tuo carico**.

Ma qual è la differenza tra difetto e malfunzionamento?

Come avrai intuito, **un vizio è un problema grave** e non facilmente risolvibile, come ad esempio un problema strutturale che compromette la sicurezza dell'immobile, mentre **un malfunzionamento è un problema più piccolo e temporaneo** che può essere risolto senza compromettere la sicurezza dell'immobile con una semplice riparazione, come un rubinetto che perde o un elettrodomestico che non funziona correttamente.

E se succede un imprevisto, come un evento inevitabile o un incidente causato da terzi?

Nella circostanza di **caso fortuito**, la responsabilità del danno può dipendere da una serie di fattori – come la natura dell'evento o le specifiche del contratto di locazione – ed è per questo più difficile individuare una regola generale, ma in linea di massima la responsabilità ricade generalmente sul proprietario dell'immobile.

Anche con questi consigli di carattere generale, spesso può essere difficile capire a chi spetta pagare.

Per risolvere ogni dubbio, è necessaria un'indagine tecnica da parte di un professionista qualificato che determini l'origine del problema e stabilisca se la causa è un uso improprio da parte tua, una caso fortuito o, ancora, dovuta all'età dell'immobile.

Proprio perché in questi casi è difficile determinare la responsabilità, non esistono leggi specifiche che regolano tale aspetto delle locazioni, ma **gli usi locali** possono sicuramente essere d'aiuto.

Per usi si intendono quei comportamenti ripetuti dalla collettività nella convinzione di obbedire a una norma giuridica obbligatoria. Ciascuna Camera di Commercio provvede all'accertamento degli usi e delle consuetudini relativi alle attività economiche e commerciali nella provincia, pubblicandoli in una Raccolta; in virtù di tale pubblicazione gli usi acquistano il rango di fonti del diritto e si presumono esistenti fino a prova contraria.

La rilevazione degli Usi avviene mediante l'attività di una Commissione Provinciale, cui partecipano magistrati ed esperti giuridici.

Ogni Camera di Commercio ha la raccolta degli usi della Provincia di appartenenza ed è utile prenderne visione per capire cosa spetta a te e cosa al locatore.

Infine – per non lasciare nulla di intentato – inseriamo una **tabella** che può fare al caso tuo, stilata da alcune associazioni rappresentative dei proprietari (Confedilizia) e degli inquilini (Sunia, Sicet e Uniat) registrata all'Agenzia delle Entrate di Roma il 30/04/2014, che indica quali riparazioni sono a carico del locatore e quali a carico del conduttore.
Affronteremo altre situazioni specifiche nei capitoli successivi.

PARTI INTERNE ALL'APPARTAMENTO LOCATO	A chi spetta	
Sostituzione integrale di pavimenti e rivestimenti	Locatore	
Manutenzione ordinaria di pavimenti e rivestimenti		Conduttore
Manutenzione ordinaria di infissi e serrande, dell'impianto sanitario		Conduttore
Rifacimento di chiavi e serrature		Conduttore
Tinteggiatura di pareti		Conduttore
Sostituzione di vetri		Conduttore
Manutenzione ordinaria di apparecchi e condutture di elettricità, dei cavi, degli impianti citofonico, videocitofonico e degli impianti individuali di videosorveglianza, per la ricezione		Conduttore

radiotelevisiva e per l'accesso a qualunque altro genere di flusso informativo anche da satellite o via cavo		
Verniciatura di opere in legno e metallo		Conduttore
Manutenzione ordinaria dell'impianto di riscaldamento e condizionamento		Conduttore
Manutenzione straordinaria dell'impianto di riscaldamento e condizionamento	Locatore	

Questa tabella può essere utile come linea guida per ogni situazione, ma per non lasciarci mancare nulla nei prossimi 3 capitoli affronteremo **tre cruciali situazioni specifiche** che sono tra le più comuni: la manutenzione della caldaia, degli infissi e delle finestre, e infine la riparazione e sostituzione dei mobili ed elettrodomestici quando prendi in affitto una casa già ammobiliata.

QUANDO PIOVE DENTRO CASA: I DANNI AGLI INFISSI

Durante una locazione, esistono delle responsabilità specifiche che ricadono sia sul locatore che sul conduttore.

Ricordiamo che il locatore **ha l'obbligo di provvedere al mantenimento dell'immobile** perché risulti abitabile e deve eseguire tutte le riparazioni necessarie a esclusione di quelle di piccola manutenzione che sono a carico del conduttore.

Abbiamo già affrontato questo tema all'inizio del libro, ma potrebbe essere utile affrontare un problema specifico tra i più diffusi: chi è responsabile per la sostituzione o la riparazione degli infissi?

Per inquadrare il problema, prendiamo come esempio due situazioni:

- Si rompe un vetro della finestra. Chi dovrebbe sostenere le spese per la sostituzione?

- Hai l'abitudine di tenere la finestra aperta, e nel corso degli anni, la parte esterna della finestra, in legno, necessita di un intervento di risistemazione. Chi deve pagare?

La risposta a queste domande dipende dal concetto di **"deterioramenti prodotti dall'uso"** secondo l'articolo 1609 del Codice Civile.

Se qualcosa si rompe a causa dell'uso prolungato nel tempo e noncuranza nella manutenzione ordinaria da parte tua, sei tu a dover sostenere le spese. Al contrario, se il danno è causato da un caso fortuito o da vetustà, il locatore dovrebbe farsene carico.

Quindi nel primo caso – la sostituzione di un vetro rotto – spetta a te; mentre se la pioggia entra in casa a causa di infissi danneggiati che non chiudono correttamente, dovrebbe essere il locatore a provvedere alla riparazione.

Quando si tratta di contratti di locazione "3+2", transitori o per studenti universitari, fa sempre fede l'**Allegato D** al DM 2017.

Inoltre, **in caso di danneggiamento degli infissi dovuto a un'effrazione**, la giurisprudenza dominante sostiene che la spesa per la sostituzione dovrebbe essere a carico **del proprietario,** poiché il danneggiamento causato dai ladri colpisce i beni del proprietario senza che l'inquilino ne abbia responsabilità, ed è un caso fortuito non imputabile alla tua volontà.

LA MANUTENZIONE DELLA CALDAIA

Un aspetto fondamentale da considerare in una locazione è la manutenzione degli impianti, in particolare della caldaia.

Il regolare funzionamento di questo componente **è essenziale per garantire un alloggio confortevole**, ed è dunque importante capire quando e a chi spettano le operazioni di controllo e manutenzione.

In base all'articolo 7, primo comma, del DPR n. 74 del 2013, il controllo e la manutenzione dell'impianto di riscaldamento devono essere eseguiti da ditte abilitate, secondo le istruzioni tecniche per l'uso e la manutenzione fornite dall'installatore dell'impianto. Se queste istruzioni non sono disponibili, la periodicità del controllo e della manutenzione è stabilita in base alle indicazioni del fabbricante della caldaia.

È importante che ti venga consegnato il libretto della caldaia – come quelli di tutti gli altri elettrodomestici – appena metti piede nella tua nuova casa, e che tu lo conservi in buono stato.

Le spese connesse alle operazioni di controllo sono generalmente a carico del conduttore; per quanto riguarda le operazioni di manutenzione, invece, la ripartizione dei costi dipende dalla natura dell'intervento.

La pulizia dai fumi – causata dall'uso della caldaia – e la sostituzione di parti d'impianto rovinate dal suo normale utilizzo sono a tuo carico, così come il controllo dell'efficienza energetica.

D'altro canto, le spese per manutenzione straordinaria e gli interventi necessari da caso fortuito o dovuti alla vetustà dell'impianto sono a carico del proprietario.

È responsabilità del locatore garantire che l'immobile sia conforme alle normative vigenti, provvedendo all'installazione di rilevatori di fumo e all'isolamento termico.

È importante notare che la sostituzione della caldaia dell'impianto di riscaldamento – nel caso in cui questa non funzioni o non sia a norma – spetta al locatore (come stabilito dalla Suprema Corte di Cassazione, sentenza n. 11353 del 26 maggio 2014), poiché un impianto di riscaldamento non funzionante rappresenta un grave difetto dell'immobile e rende la casa inabitabile, ma sarà sempre necessario dimostrare che il malfunzionamento della caldaia non sia dovuto a una tua negligenza per omessa manutenzione ordinaria.

In caso di rifiuto del proprietario per la riparazione della caldaia, potrebbe essere possibile sospendere il pagamento del canone di locazione – a condizione che l'immobile risulti assolutamente inutilizzabile e inabitabile – attraverso **l'eccezione di inadempimento**, di cui parleremo a breve.

I DISAGI DI UNA CASA AMMOBILIATA

Un'abitazione completamente arredata è sicuramente una soluzione molto pratica, ma con essa vengono anche delle responsabilità.

In particolare, **possono emergere questioni relative alla manutenzione e al deterioramento di mobili ed elettrodomestici**, soprattutto se non è stato fatto un inventario dettagliato prima della firma del contratto (cosa che però tu sicuramente avrai fatto, visto che stai leggendo questo libro!).

Facciamo degli esempi pratici: se un'aspirapolvere un po' datato e fornito con la casa si rompe, potrebbe sorgere la domanda su chi dovrebbe occuparsi del costo della sostituzione dell'aspirapolvere rotto.

In linea generale, le spese di conservazione e manutenzione ordinaria degli elettrodomestici e dei mobili sono a carico del conduttore.
Tuttavia, se un elettrodomestico o un mobile necessitano di una sostituzione integrale, le spese spettano al locatore.

Se un elettrodomestico smette di funzionare a causa della vetustà o di un evento imprevisto, il locatore dovrebbe sostenere i costi della riparazione; tuttavia, è fondamentale determinare la causa del guasto, magari rivolgendosi all'assistenza tecnica del prodotto.

Se il conduttore ha utilizzato l'apparecchio in modo inappropriato, sarà responsabile delle spese di riparazione. D'altra parte, se l'elettrodomestico è semplicemente troppo vecchio o non è stato adeguatamente mantenuto prima della consegna, il locatore dovrebbe occuparsi della riparazione o della sostituzione.

Questa dinamica può variare in base a quanto specificato nel contratto di locazione, che potrebbe prevedere una diversa ripartizione delle spese o addirittura attribuire al conduttore l'onere della sostituzione degli elettrodomestici.

Gli esempi da fare e le situazioni che potrebbero crearsi sono immensi, per questo ti consigliamo sempre di fare due chiacchiere con **il tuo avvocato di fiducia** per qualsiasi dubbio tu possa avere.

Ora abbiamo chiare quali sono le responsabilità che ricadono su di te e quali sul proprietario dell'immobile.

Ma cosa succede quando quest'ultimo **si rifiuta di pagare**, magari perché non pensa che spetti a lui o perché fa finta di non riconoscere alcun danno?

Ci sono diversi strumenti legali a cui puoi ricorrere in una situazione simile, prima di arrivare al massimo dello stress e cedere alla tentazione di fare sciocchezze di cui potresti pentirti, come ad esempio smettere di pagare l'affitto o minacciare il locatore.

Li affronteremo uno alla volta nei prossimi capitoli.

In questo capitolo abbiamo parlato di...

Per quanto riguarda **la manutenzione dell'appartamento in affitto**, il proprietario è tenuto a consegnare l'immobile in **buone condizioni** e a occuparsi dei **vizi** e delle riparazioni necessarie **per garantire l'abitabilità**.

Tuttavia, **i malfunzionamenti e le piccole riparazioni sono di solito a tuo carico**.

È importante distinguere tra **vizi** (problemi gravi e non facilmente risolvibili) e **malfunzionamenti** (problemi più piccoli e temporanei che possono essere riparati facilmente).

La responsabilità di eventuali danni causati da eventi imprevisti dipende da diversi fattori, come la natura dell'evento o le specifiche del contratto di locazione.

Per risolvere eventuali dubbi sulla responsabilità, è consigliabile rivolgersi a un tecnico specializzato che possa determinare l'origine del problema e stabilire la responsabilità secondo il principio del "più probabile che non".

Non esistono leggi specifiche che regolano la questione, ma **gli usi locali e le consuetudini** possono fornire delle linee guida.

Abbiamo inserito una tabella che può aiutarti a capire quali spese devi pagare tu e quali spettano al proprietario.

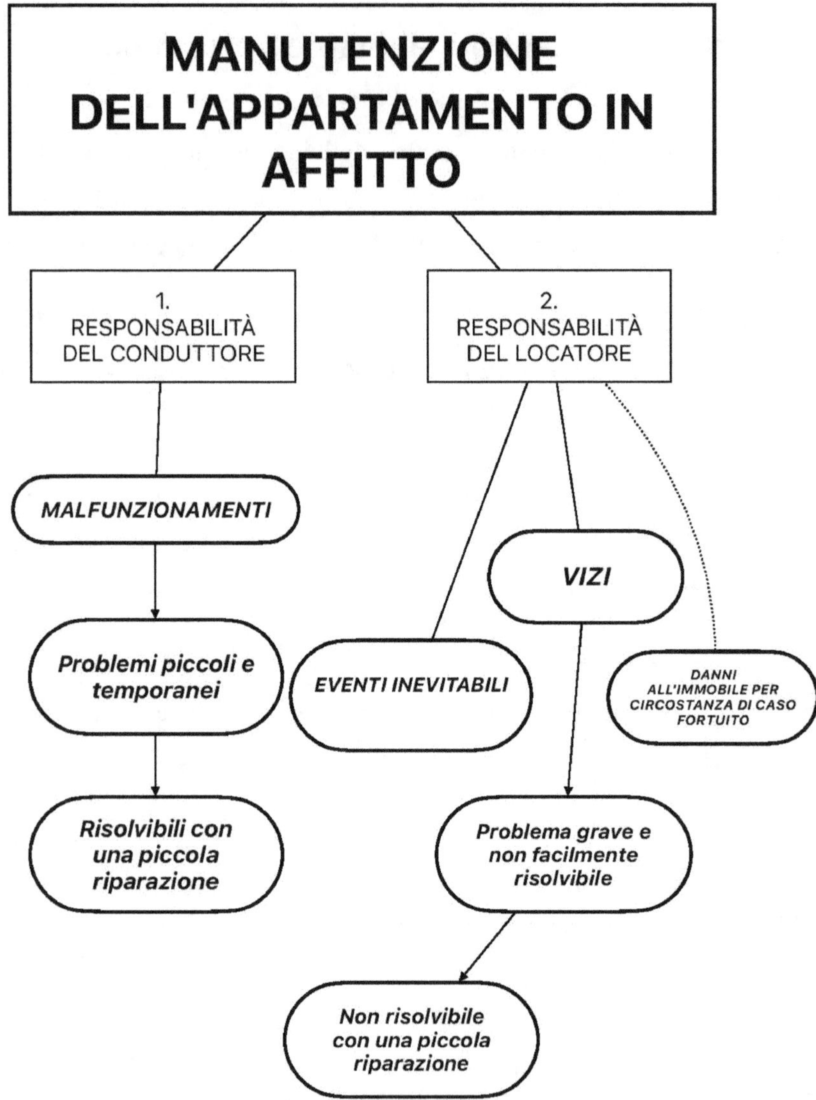
MANUTENZIONE DELL'APPARTAMENTO IN AFFITTO
1. RESPONSABILITÀ DEL CONDUTTORE
2. RESPONSABILITÀ DEL LOCATORE
MALFUNZIONAMENTI
VIZI
Problemi piccoli e temporanei
EVENTI INEVITABILI
DANNI ALL'IMMOBILE PER CIRCOSTANZA DI CASO FORTUITO
Risolvibili con una piccola riparazione
Problema grave e non facilmente risolvibile
Non risolvibile con una piccola riparazione

19. ACCORDI E DISACCORDI: la commissione di negoziazione paritetica e conciliazione stragiudiziale

Quando sorge una controversia tra il conduttore e il locatore, entrambe le parti hanno un solo scopo: **risolvere la questione in maniera pacifica**, senza spendere denaro e senza aspettare anni tra le aule di Tribunale.

Magari hai già provato a parlare con il proprietario dell'immobile, lo hai invitato per un caffè e hai tentato di spiegargli le tue ragioni, ma non sei riuscito a convincerlo e non avete trovato un accordo.

Per le locazioni a canone concordato, per le locazioni transitorie e per quelle relative a studenti universitari esiste uno strumento a tua disposizione per risolvere le controversie **in maniera amichevole e soprattutto gratuita**, ma che è inspiegabilmente **poco conosciuto** dalla maggior parte degli italiani: la **Commissione di Negoziazione Paritetica e Conciliazione Stragiudiziale**, prevista dal DM 2017.
Trovi ogni specifica sul funzionamento della Commissione nell'**Allegato E** (disponibile sul sito di www.normattiva.it) al già citato Decreto Ministeriale.

Per accedervi, bisogna presentare una **domanda per la costituzione della Commissione** in cui spiegare le ragioni della controversia: basta inviare una raccomandata con ricevuta di ritorno a una delle Organizzazioni della proprietà immobiliare o dei conduttori firmatarie dell'accordo territoriale (SUNIA, Uppi, ecc.) che provvederanno a nominare una Commissione **composta da due negoziatori**.

Può essere attivata dal locatore, dal conduttore o da entrambi, e può essere molto utile per risolvere controversie riguardanti l'interpretazione e l'esecuzione del contratto, la congruità del canone di locazione o la rinegoziazione del canone. Infine, la Commissione può proporre alle parti soluzioni sulla durata della locazione quando sono in discussione le condizioni che giustificano le esigenze abitative di natura transitoria tra locatore e conduttore.

Se entrambe le parti accettano di partecipare, la Commissione viene formalmente costituita, e se non ritiene necessario fissare un incontro di negoziazione preliminare, **formula una proposta di accordo** a definizione della controversia **entro 60 giorni**.

Il verbale di accordo, una volta firmato dalle parti, **ha la stessa validità di una transazione** che è «*il contratto col quale le parti, facendosi reciproche concessioni, pongono fine a una lite già incominciata o prevengono una lite che può sorgere tra loro*» ai sensi dell'articolo 1965 del Codice Civile, primo comma.

La Negoziazione Paritetica è facoltativa e rappresenta uno strumento molto utile – ovviamente solo se hai firmato un contratto di locazione a canone concordato, transitorio o per studenti – perché offre una risoluzione gratuita e semplice, e ma allo stesso tempo formale ed efficace, per risolvere la questione in maniera amichevole.

Ma se non funziona?

E se hai un contratto a canone libero?

Anche in questo caso ti restano tanti passaggi intermedi prima di "armarti fino ai denti" e fare causa a tutti!

Il Tribunale **dovrebbe essere sempre l'ultima spiaggia possibile**, dopo averle provate tutte per far valere i tuoi diritti.

Nei prossimi capitoli, affronteremo la giusta procedura legale da seguire **per agire giustamente e ottenere ciò che vuoi.**

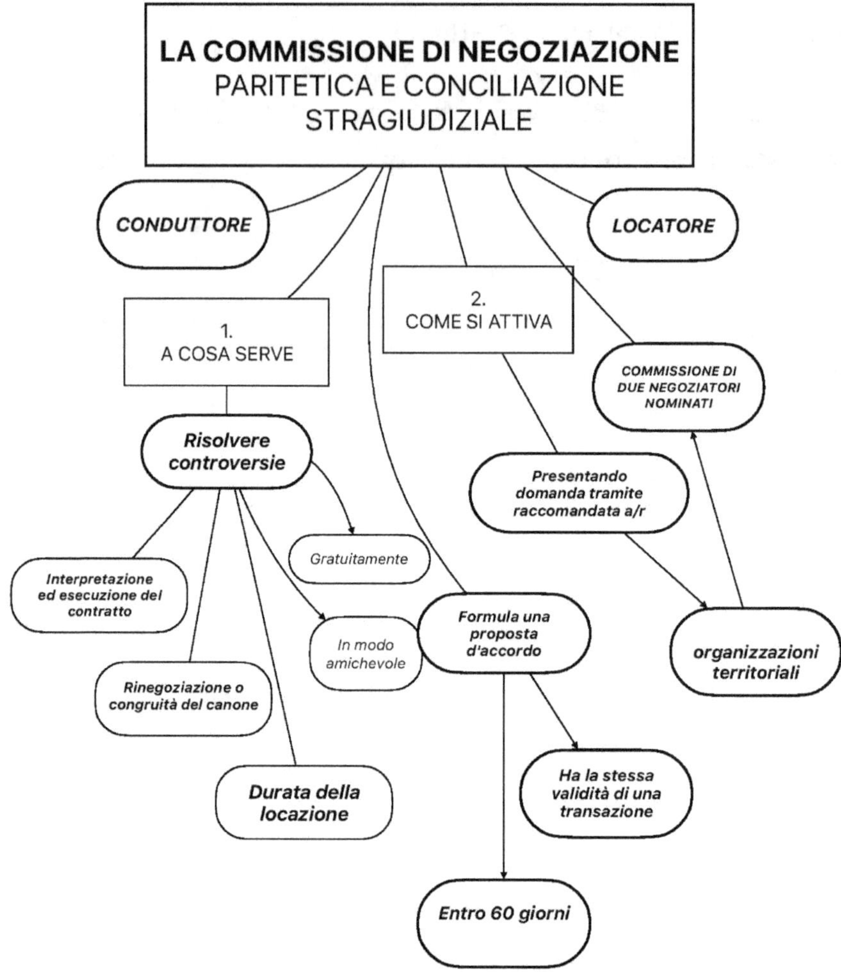

LA COMMISSIONE DI NEGOZIAZIONE PARITETICA E CONCILIAZIONE STRAGIUDIZIALE
CONDUTTORE
LOCATORE
1. A COSA SERVE
2. COME SI ATTIVA
COMMISSIONE DI DUE NEGOZIATORI NOMINATI
Risolvere controversie
Presentando domanda tramite raccomandata a/r
Interpretazione ed esecuzione del contratto
Gratuitamente
Rinegoziazione o congruità del canone
In modo amichevole
Formula una proposta d'accordo
organizzazioni territoriali
Durata della locazione
Ha la stessa validità di una transazione
Entro 60 giorni

20. E IO PAGO(?): come agire nei confronti del proprietario che non vuole pagare i danni

Prima di avviare qualsiasi azione legale nei confronti del proprietario dell'immobile, è importante che tu prenda tutte le misure preventive necessarie. Questo include l'invio di comunicazioni formali al locatore, la richiesta di intervento di un tecnico per valutare i vizi presenti nell'immobile e la documentazione accurata di tutti gli sforzi fatti per risolvere il problema con il locatore prima di ricorrere all'azione legale.

Innanzitutto, è importante mettere nero su bianco i vizi riscontrati con una **lettera formale** indirizzata al locatore.

Per garantire che la comunicazione sia recepita, è consigliabile inviarla tramite posta elettronica certificata o raccomandata con ricevuta di ritorno; **una semplice e-mail o un messaggio su WhatsApp** sono utili per anticipare il contenuto della comunicazione, ma **non sostituiscono l'efficacia legale della PEC o della raccomandata.**

Nel contenuto della lettera è essenziale essere **il più precisi possibile**. Devi descrivere esattamente quali sono i vizi presenti, allegando anche – se possibile – prove fotografiche.

La lettera dovrebbe poi invitare il locatore a un **sopralluogo** nell'abitazione, preferibilmente in presenza di un **tecnico specializzato**. Se il locatore non ha a disposizione un tecnico di fiducia, potrai offrirti di scegliere il professionista, sottolineando che la tua preoccupazione principale è che i lavori siano eseguiti correttamente, nel rispetto dei tempi stabiliti e a spese del locatore.

Sempre nella lettera, è importante proporre date e orari possibili per il sopralluogo, in modo da dare al locatore la possibilità di scegliere l'opzione più comoda per lui e per il tecnico che vorrà nominare.

La lettera dovrebbe poi concludersi con una **nota di avviso**: se non si riceve risposta dal locatore entro un determinato lasso di tempo – solitamente compreso tra i 10 e i 15 giorni – si provvederà autonomamente a effettuare un sopralluogo con un tecnico di propria fiducia. Naturalmente dipende dalla gravità del problema: se hai la casa allagata, dovrai far presente l'urgenza e la necessità di un intervento immediato.

Abbiamo pensato che potrebbe esserti utile un modello di lettera formale da usare come esempio per il tuo caso specifico:

```
[Tuo nome]
[Tuo indirizzo completo]
[Nome del locatore]
[Indirizzo completo del locatore]
Data: [Inserisci la data odierna]
Oggetto: Denuncia di vizi nell'immobile in affitto
situato in [indirizzo dell'immobile]

Gentile [Nome del locatore],
come anticipato via e-mail, a voce, via WhatsApp,
con la presente La informo che nell'appartamento di
Sua proprietà e da me condotto in locazione sono
presenti i seguenti vizi
[Descrizione dettagliata dei vizi, eventualmente ac-
compagnata da fotografie in allegato].
A causa della presenza di tali vizi, ritengo neces-
sario un sopralluogo da parte Sua, preferibilmente
```

accompagnato da un tecnico professionista specializzato.

Qualora non avesse a disposizione un tecnico di Sua fiducia, mi offro di nominarne uno, in quanto la mia principale preoccupazione è che i lavori necessari siano eseguiti correttamente, entro un lasso di tempo ragionevole e a Sue spese [*se le problematiche richiedono un intervento urgente, devi specificare il perché*].

Per facilitare l'organizzazione del sopralluogo, propongo le seguenti date e orari: [*elencare almeno un paio di proposte di date e orari*].

La prego di scegliere l'opzione più comoda per Lei e per il tecnico che intende nominare.

In assenza di una Sua risposta entro [*inserire il numero di giorni, ad esempio 5, 10 o 15 giorni a seconda della gravità della situazione*] giorni dal ricevimento della presente, mi vedrò costretto a procedere autonomamente, nominando un tecnico di mia fiducia per effettuare il sopralluogo e a conferirgli l'incarico di stilare un preventivo accordandomi sulla data di inizio dei lavori di ripristino stato con mio diritto di richiederle il rimborso dei costi sostenuti.

Confidando in una Sua tempestiva risposta, attendo fiducioso di risolvere quanto prima il problema.

Colgo l'occasione per inviarLe i miei cordiali saluti.

[Tuo *nome*]

[Tua *firma*]

Nel caso in cui il locatore continui a ignorare la questione – non rispondendo o rimandando il problema senza proporre una data per il sopralluogo –, dovrai procedere con una visita del tecnico come annunciato nella lettera, inviando una seconda comunicazione con data e ora per dargli formalmente l'opportunità di essere presente.

Se il locatore dovesse risultare ancora assente, prima di fargli causa sei comunque tenuto a inviargli il preventivo delle spese dei lavori.

In ogni caso, dovrai **necessariamente** passare per **la procedura di mediazione.**

La mediazione – spesso indicata con la sigla ADR, che sta per *Alternative Dispute Resolution* – è una procedura **obbligatoria** nel contesto dei rapporti di locazione prima di procedere con un giudizio civile contro il locatore, a eccezione dei casi di accertamento tecnico preventivo giudiziale, di sfratto per morosità o per finita locazione o di ricorso per decreto ingiuntivo che non subiscano opposizione da parte tua (affronteremo tra qualche capitolo queste specifiche situazioni).

Se dovessi intentare una causa contro il locatore prima della mediazione, il Giudice non potrà darti corda!

Esiste un registro nazionale che elenca tutti gli Organismi di Mediazione nazionali divisi per città di appartenenza e che puoi consultare sul sito mediazione.giustizia.it

La mediazione è relativamente **semplice e veloce** – dura circa 3 mesi, prorogabili per altri 3 mesi – e ha costi notevolmente inferiori rispetto a una causa in Tribunale. Durante la procedura di mediazione, **è obbligatoria l'assistenza di un avvocato** ed è necessaria la partecipazione delle parti.
In questa sede, si può raggiungere un accordo sulla data di inizio dei lavori e sulle spese, incluso il possibile rimborso da parte del locatore per le spese sostenute per il perito che hai nominato.
Si può raggiungere un accordo per una data di inizio lavori, oppure per una cosiddetta **"buona uscita"** che ti consenta di trovare un altro alloggio.

Un altro possibile accordo è la **riduzione del canone di locazione**, per te un vantaggio sufficiente a tollerare i vizi dell'immobile, a condizione che non siano messi a rischio la tua salute o la tua sicurezza.

L'accordo – firmato alla presenza degli avvocati e del mediatore – costituisce **un titolo esecutivo**.

Questo significa che, se il locatore non dovesse rispettare l'accordo, potrai procedere direttamente all'esecuzione forzata – ovvero l'obbligo di farti pagare – senza dover passare per l'accertamento giudiziale del tuo diritto.

In pratica, hai la certezza quasi matematica che il locatore rispetterà l'accordo.

A differenza del giudizio ordinario, il procedimento di mediazione rispetta il **principio della riservatezza**, per cui quanto discusso e dichiarato nel corso della mediazione non può essere poi utilizzato in un eventuale successivo giudizio nel caso in cui la mediazione non andasse a buon fine.

Se il locatore non dovesse presentarsi alla mediazione o rifiutasse di collaborare per raggiungere un accordo, sarai comunque in posizione legittima per fare ciò che ritieni più opportuno e intraprendere ulteriori azioni legali secondo i rimedi offerti dall'articolo 1578, primo comma, Codice Civile.

Sembra un'ottima soluzione, non è vero?

Ricorda però che c'è **un requisito fondamentale da rispettare**: nell'immobile devono essere presenti dei vizi preesistenti di cui tu non eri a conoscenza o non erano facilmente riconoscibili quando hai firmato il contratto di locazione! **I vizi si presumono preesistenti** alla firma del contratto di locazione e alla consegna dell'immobile salvo che il proprietario non dimostri che sono dipesi **da caso fortuito**, e non li ha volutamente nascosti.

Fra le ipotesi **maggiormente ricorrenti** di vizio della casa locata, la giurisprudenza individua:

- L'assenza del contatore di gas.

- La mancanza di inferriate e finestre del vano scala.
- L'assenza di contratto di allaccio dell'acqua.
- Muffa e umidità, dovuta a ragioni strutturali quale quella conseguente a mancante o non adeguata impermeabilizzazione.
- Infiltrazioni d'acqua.
- Impossibilità di utilizzare alcuni ambienti dell'immobile per vizi strutturali o anche per crepe, intonaco che cade, pavimentazione saltata.
- Guasti alle tubature.
- Costruzione difettosa degli scarichi fognanti.
- Impossibilità di utilizzo dei servizi igienici per occlusione dello scarico non collegato alla rete fognaria.
- Guasti all'impianto elettrico.
- Problemi di rumorosità e isolamento acustico.
- Mancanza di adeguata ventilazione (soprattutto se l'appartamento è seminterrato).

Ma arrivati a questo punto, quali sono le principali azioni legali che potresti intraprendere nel caso in cui il locatore non si decida a risolvere la questione nemmeno dopo la mediazione?

- **Azione di Risoluzione del Contratto:** quando i vizi dell'immobile sono così gravi da rendere l'uso dell'immobile impossibile o eccessivamente difficoltoso, si chiede al Giudice di risolvere il contratto di locazione. Il contratto termina, e tu sei libero da ulteriori obblighi contrattuali. Tuttavia, è importante sottolineare che per esercitare questo diritto è necessario che i vizi siano seri e compromettano in modo significativo il tuo godimento dell'immobile. Avrai bisogno di una documentazione accurata e, probabilmente, di testimonianze esperte per dimostrare l'entità del vizio e l'effetto che ha sulla tua capacità di utilizzare l'immobile.

- **Azione di Riduzione del Canone:** se i vizi non sono sufficientemente gravi da rendere l'immobile inabitabile, ma influenzano comunque il tuo godimento dell'immobile, hai la possibilità di chiedere al Giudice di ridurre il canone di locazione. La misura della riduzione sarà determinata dal Giudice e dipenderà dalla gravità dei vizi e dal modo in cui condizionano il tuo utilizzo dell'immobile. Anche in questo caso, dovrai fornire prove documentate dei vizi e del loro impatto sul tuo utilizzo dell'immobile.

In entrambi i casi – che si escludono a vicenda – l'articolo 1578, secondo comma, del Codice Civile riconosce il diritto di **domandare il risarcimento dei danni** subiti a causa dei vizi dell'immobile, a meno che il proprietario non dimostri che nemmeno lui era a conoscenza di tali vizi. I danni possono includere, ad esempio, i costi sostenuti per trovare un alloggio alternativo, il danno non patrimoniale per lo stress e i disagi subiti, la perdita di utilizzo dell'immobile.

Ti ricordiamo che nel caso in cui si tratti di guasti/malfunzionamenti – che sono alterazioni transitorie e connaturali all'uso e al godimento del bene ed eliminabili attraverso opere di semplice riparazione – le spese di riparazione sono a carico tuo, dunque non puoi intraprendere queste azioni legali nei confronti del locatore.

Puoi anche decidere di **affrontare le riparazioni tu stesso** e poi cercare di recuperare i costi attraverso un'azione legale contro il locatore, soprattutto se i lavori sono urgenti: l'articolo 1577, secondo comma, Codice Civile ti consente di eseguirle direttamente, salvo rimborso, purché tu ne dia contemporaneamente avviso al locatore.

Questa potrebbe essere un'opzione preferibile se i problemi sono tali da rendere l'immobile inabitabile o sgradevole da vivere, mentre cerchi di ottenere giustizia.

Come abbiamo visto, quando firmi il contratto di locazione accetti la casa nello stato di fatto in cui si trova, quindi puoi procedere per vie legali facendo riferimento soltanto ai vizi dell'immobile di cui non eri a conoscenza al momento della firma.

Esiste però un'importante eccezione a questa regola, espressa dall'articolo 1580 del Codice Civile:

«…se i vizi della cosa o di parte notevole di essa espongono **a serio pericolo** la salute del conduttore o dei suoi familiari o dipendenti, il conduttore può ottenere la risoluzione del contratto, **anche se i vizi gli erano noti**, nonostante qualunque rinunzia».

In casi veramente gravi – a prescindere dal fatto che tu ne fossi consapevole o meno alla firma del contratto – la locazione non potrà proseguire, poiché prevale la tutela del tuo diritto alla salute, che è costituzionalmente garantita.

So a cosa stai pensando:

«*Perché devo farmi tutti questi problemi? Posso sempre smettere di pagare l'affitto e ricattare il proprietario finché non ripara tutto!*».

Questa non è una soluzione percorribile, perché – anche se le tue rivendicazioni fossero giuste e sacrosante – passeresti dalla parte del torto.
Non puoi farti giustizia da solo.
Ma la giurisprudenza serve a questo, e in alcuni casi ipotizza persino una sospensione del pagamento del canone di locazione.
Ne parliamo meglio nel capitolo seguente.

In questo capitolo abbiamo parlato di...

Se il proprietario si rifiuta di riconoscere i vizi o non vuole pagare i danni della casa locata, **hai diverse opzioni** per far valere i tuoi diritti.

Prima di avviare azioni legali, è importante adottare **misure preventive,** come inviare comunicazioni formali al locatore, richiedere il sopralluogo di un tecnico e documentare tutti gli sforzi fatti per risolvere il problema.

Prima di intentare una causa legale, devi **obbligatoriamente** intraprendere una **procedura di mediazione.**

Durante la mediazione, si può cercare di **raggiungere un accordo** sulla data di inizio dei lavori, sulle spese e su altri aspetti relativi alla risoluzione del problema.

L'accordo firmato durante la mediazione costituisce un **titolo esecutivo,** garantendo un'azione esecutiva in caso di mancato rispetto dell'accordo da parte del locatore.

Se la mediazione non ha successo o il locatore non partecipa, è possibile intraprendere **azioni legali** come l'**azione di risoluzione del contratto** o **l'azione di riduzione del canone di locazione.**

È necessario fornire **prove documentali** dei vizi e del loro impatto sull'utilizzo dell'immobile. Inoltre, è possibile chiedere il **risarcimento dei danni subiti** a causa di essi.

È importante tenere presente che queste azioni legali sono applicabili **solo se i vizi erano preesistenti e non noti** al momento della firma del contratto di locazione. **Solo in casi particolarmente gravi** in cui i vizi mettono seriamente a rischio la salute è possibile richiedere **la risoluzione del contratto**, anche se i vizi erano noti.

Infine, è importante **evitare di smettere di pagare l'affitto e** cercare **di farsi giustizia da soli**, poiché ciò potrebbe comportare conseguenze legali negative.

È fondamentale **seguire le procedure legali appropriate** per tutelare i propri diritti.

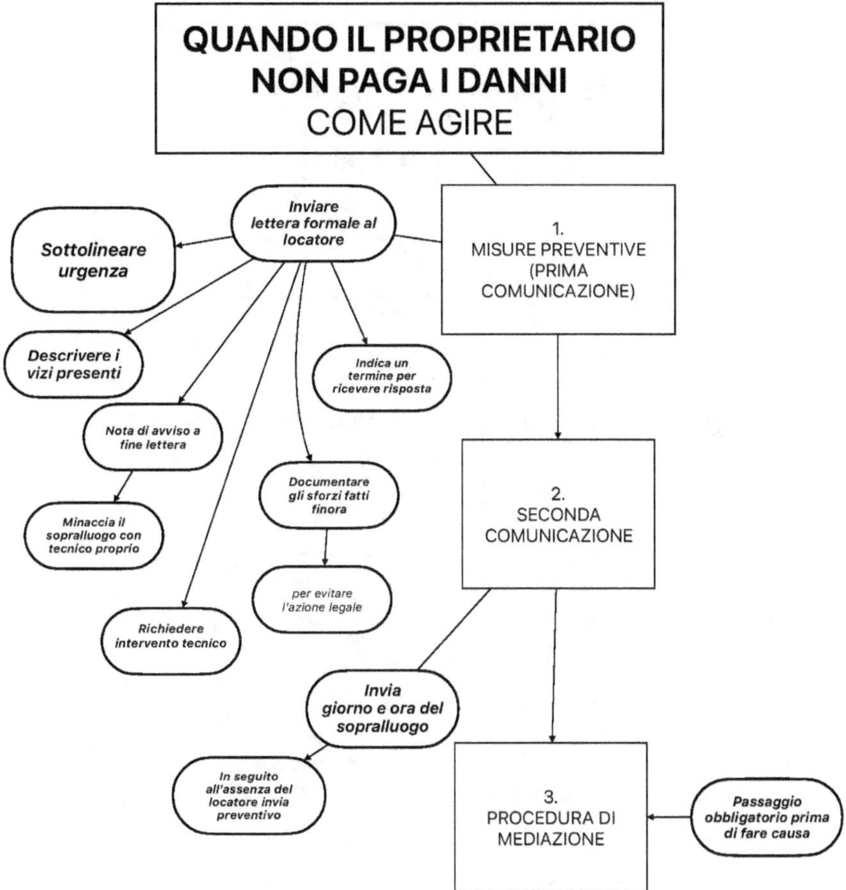

QUANDO IL PROPRIETARIO NON PAGA I DANNI
COME AGIRE
Inviare lettera formale al locatore
Sottolineare urgenza
Descrivere i vizi presenti
Nota di avviso a fine lettera
Indica un termine per ricevere risposta
Minaccia il sopralluogo con tecnico proprio
Documentare gli sforzi fatti finora
per evitare l'azione legale
Richiedere intervento tecnico
1. MISURE PREVENTIVE (PRIMA COMUNICAZIONE)
2. SECONDA COMUNICAZIONE
Invia giorno e ora del sopralluogo
In seguito all'assenza del locatore invia preventivo
3. PROCEDURA DI MEDIAZIONE
Passaggio obbligatorio prima di fare causa

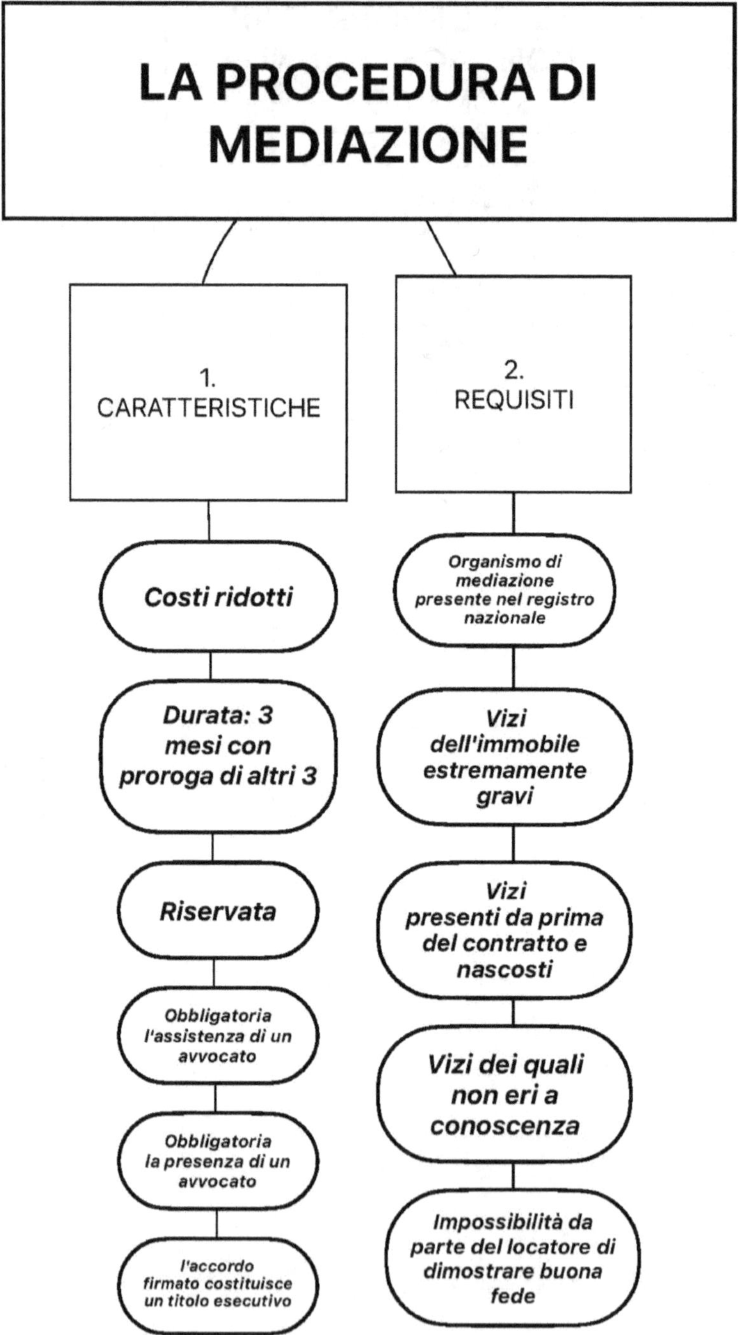

LA PROCEDURA DI MEDIAZIONE
1.
CARATTERISTICHE
2.
REQUISITI
Costi ridotti
Durata: 3 mesi con proroga di altri 3
Riservata
Obbligatoria l'assistenza di un avvocato
Obbligatoria la presenza di un avvocato
l'accordo firmato costituisce un titolo esecutivo
Organismo di mediazione presente nel registro nazionale
Vizi dell'immobile estremamente gravi
Vizi presenti da prima del contratto e nascosti
Vizi dei quali non eri a conoscenza
Impossibilità da parte del locatore di dimostrare buona fede

21. L'ULTIMA SPIAGGIA: l'eccezione di inadempimento. Quando potresti smettere di pagare l'affitto

Quando potresti smettere di pagare l'affitto

La locazione è un contratto a prestazioni corrispettive: il locatore ti concede il godimento dell'immobile di sua proprietà e tu in cambio paghi il canone di locazione.

Ora, se il proprietario non adempie in tutto o in parte ai suoi obblighi di manutenzione e di eliminazione dei vizi dell'immobile, puoi tu decidere in autonomia di non pagare il canone o di ridurlo?

Secondo l'articolo 1460 del Codice Civile, **potresti avere il diritto di non pagare il canone**, ma **solo** nel caso in cui venisse **completamente a mancare l'adempimento del proprietario** agli obblighi che ha nei tuoi confronti, tanto da impedirti di abitare o comunque di utilizzare l'immobile.

Per fare un esempio, la Corte di Cassazione ha ritenuto inaccettabile la sospensione del canone di un inquilino che lamentava consistenti infiltrazioni d'acqua ma continuava ad abitare e a utilizzare l'immobile.

L'inadempimento del locatore deve essere **grave**.

L'immobile deve avere vizi che non possono essere eliminati se non attraverso un'opera di **risanamento importante**; deve trattarsi di difetti strutturali o di costruzione dell'immobile che ne **compromettano la stabilità e la sicurezza,** ne diminuiscano in tutto o in parte il valore in termini di canone pattuito nel contratto di locazione, limitando in tutto o in parte notevolmente il tuo diritto di abitarlo.

Anche in questo caso, puoi esercitare l'eccezione di inadempimento solo nel caso in cui il proprietario non si assuma la responsabilità di vizi dell'immobile di cui tu non avevi conoscenza o che non erano facilmente riconoscibili quando hai firmato il contratto di locazione.

Non puoi prendere questa decisione all'improvviso: deve essere un Giudice ad approvarla purché ricorrano le condizioni che ti abbiamo spiegato e vi sia la prova che i vizi dell'immobile dipendano dalla responsabilità del locatore.

Prima di interpellare il Tribunale, devi inviare al locatore una comunicazione formale – solitamente tramite raccomandata con ricevuta di ritorno – in cui evidenzi l'inadempimento e richiedi la risoluzione del problema entro un termine ragionevole.
Se trascorso tale termine il locatore non avrà provveduto a eliminare i vizi dell'immobile, allora potrai rivendicare l'eccezione di inadempimento, che andrà accertata in Tribunale.

Nel caso in cui non ci siano le condizioni per l'eccezione di inadempimento, potrai comunque intraprendere le azioni legali di cui abbiamo parlato nel capitolo precedente, e quindi rivolgerti al Giudice per domandare la risoluzione del contratto per inadempimento del locatore oppure la riduzione del canone oltre al risarcimento dei danni.

L'importante è che – seppur conoscendo i tuoi diritti – **tu non prenda delle decisioni affrettate** o dettate da una comprensibile frustrazione.

L'eccezione di inadempimento può essere utile per la tua situazione, ma prima devi aver tentato la strada della mediazione – di cui abbiamo già parlato –, sempre con **l'ausilio del tuo avvocato di fiducia** per non fare errori ed evitare di passare dalla parte del torto – rivelandoti insolvente senza motivo – quando vuoi solo esercitare i tuoi diritti.

Hai superato la metà del libro! Congratulazioni!
Come ti senti adesso che hai imparato quali sono i tuoi diritti e come farli valere durante la locazione?

Immagina quelle volte nelle quali hai pagato una spesa senza sapere con certezza se ti spettasse o meno perché non sapevi come verificarlo, o quelle volte in cui magari non hai pagato pensando che fosse la cosa giusta da fare e ti sei improvvisamente ritrovato dalla parte del torto.

Tutto questo appartiene al passato: ora hai tutti gli strumenti necessari per capire quali sono i tuoi diritti e i tuoi doveri; non accetterai mai più nulla in maniera passiva, ma prenderai delle decisioni più utili e consapevoli.

Da adesso la tua vita da conduttore sarà più leggera, e la tua casa – che hai scelto con tanto impegno e fatica – ti piacerà ancora di più.

Purtroppo però – al contrario del diamante – un affitto non è per sempre.

A un certo punto dovrai riconsegnare l'immobile al suo legittimo proprietario, e questo può rivelarsi un momento stressante: dovrai pensare a trovare una nuova casa, al trasloco, alla firma di un nuovo contratto e, nel mentre, potresti ritrovarti ad affrontare delle difficoltà che non avevi previsto.

Molte locazioni non si concludono con una semplice riconsegna delle chiavi e una stretta di mano: c'è un mondo fatto di imprevisti e norme da seguire che devi conoscere per agire al meglio e non farti sorprendere da imprevisti.

Per cominciare, ti basta voltare pagina!

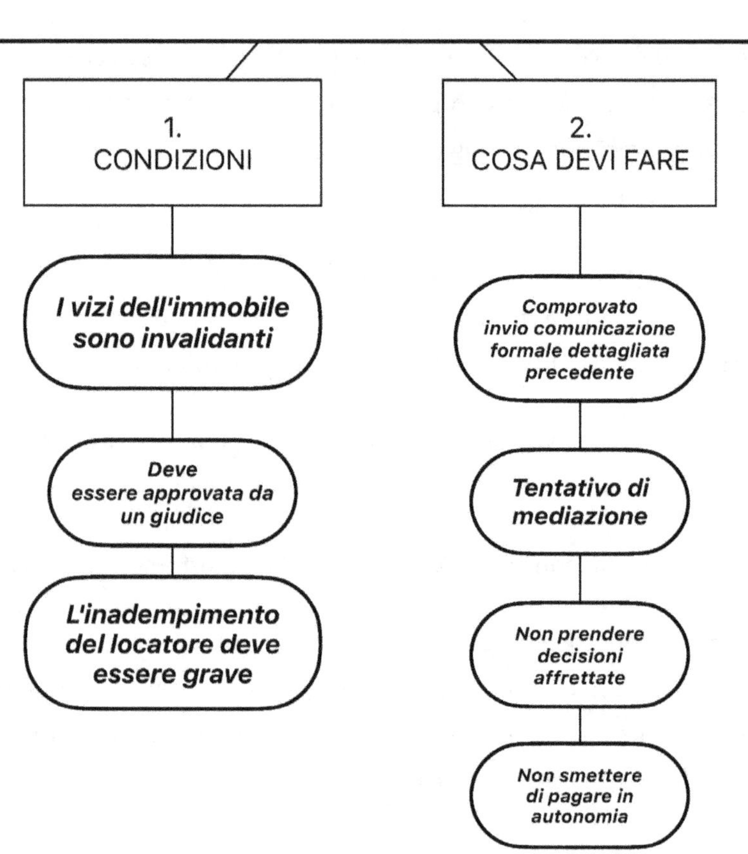
L'ECCEZIONE
DI INADEMPIMENTO
1.
CONDIZIONI
2.
COSA DEVI FARE
I vizi dell'immobile sono invalidanti
Deve essere approvata da un giudice
L'inadempimento del locatore deve essere grave
Comprovato invio comunicazione formale dettagliata precedente
Tentativo di mediazione
Non prendere decisioni affrettate
Non smettere di pagare in autonomia

QUARTA PARTE

22. LA MIGLIORE OFFERTA: il rinnovo del contratto di locazione

È finito il periodo deciso dal contratto di locazione: dopo la prima scadenza del contratto e il periodo previsto di rinnovo automatico, ora è il momento di lasciare la tua casa e di cercarti una nuova sistemazione.

Ma in quell'appartamento tu ci hai costruito una vita, non l'hai vissuto come un "prestito" da dover restituire, ma come una casa vera e propria.
In questo caso, **come fare a restarci e a rinnovare il contratto?**

Per spiegarlo, analizziamo approfonditamente il rinnovo del contratto di locazione in base ai contratti principali che abbiamo visto all'inizio del libro: i contratti a canone libero e quelli a canone concordato.

Rinnovo del contratto a canone libero "4+4"
Come abbiamo già visto, questo contratto ha una durata di 8 anni totali, suddivisi in un primo periodo di 4 anni con successivo rinnovo automatico per un ulteriore quadriennio.
Nel caso in cui tu non voglia dare disdetta anticipata – di cui parleremo più avanti – e voglia continuare a vivere nella tua casa, sappi che 6 mesi prima della seconda scadenza contrattuale – quindi, 6 mesi prima della fine degli 8 anni totali – entrambe le parti hanno la possibilità di rinnovare la locazione, ma con **nuove e diverse condizioni contrattuali**, che possono includere una

rinegoziazione del canone, una diversa ripartizione degli oneri condominiali o delle spese di manutenzione dell'immobile.

Questa intenzione va comunicata mediante raccomandata con ricevuta di ritorno. Da quel momento, la legge concede un termine di 60 giorni per trovare un nuovo accordo.

Di seguito le opzioni che avrai a disposizione:

- **Accettare le nuove condizioni proposte**, permettendo così alla locazione di proseguire secondo i nuovi termini.

- **Rifiutare le nuove condizioni**, nel caso in cui non siano soddisfacenti per te – magari il proprietario ha deciso di aumentare l'affitto e non ti sta bene – e portando così alla conclusione del contratto alla data di scadenza prevista, con l'obbligo di riconsegnare l'immobile al proprietario.

- **Rispondere con una controproposta**, suggerendo condizioni diverse, e in tal caso bisognerà attendere che le stesse siano accettate dall'altra parte.

- **Non rispondere affatto**: il contratto si concluderà alla data di scadenza e l'immobile dovrà essere riconsegnato al locatore.

Se entrambe le parti non inviano l'una all'altra alcuna comunicazione di rinnovo o di rinuncia al rinnovo nei 6 mesi antecedenti la scadenza del contratto, la locazione si rinnoverà automaticamente per altri 4 anni. Il contratto di locazione, per, **non può essere rinnovato all'infinito**, perché l'articolo 1573 del Codice Civile prevede che la locazione non possa avere durata superiore ai 30 anni.

Sulla comunicazione della disdetta da parte del proprietario è utile fare una piccola digressione, perché spesso quella che dovrebbe essere una semplice ricezione di una lettera diventa **un incubo burocratico** tra raccomandate inviate a indirizzi sbagliati, vicini inconsapevoli che si ritrovato tirati in ballo in questioni che non li riguardano e file interminabili alla posta!

Vediamo qual è l'*iter* giusto. Il locatore deve inviare le comunicazioni presso **l'indirizzo di residenza o di domicilio** del conduttore, che è indicato nel contratto di locazione.

In caso di assenza del destinatario, il codice di procedura civile individua una serie di soggetti che possono ricevere la comunicazione al suo posto:

- i familiari conviventi (purché maggiori di 14 anni o non incapaci);
- le persone addette alla casa (la colf, la domestica);
- la segretaria, il dipendente addetto alla posta;
- il portiere;
- un vicino di casa disposto ad accettare la raccomandata.

Tali soggetti però **possono anche rifiutare** la posta. Se si tratta di una raccomandata, il postino che affida la busta a una persona diversa dal destinatario invia immediatamente a quest'ultimo una seconda raccomandata con cui lo avvisa dell'avvenuta consegna dell'atto a un soggetto diverso, attraverso la cosiddetta Comunicazione di avvenuta notifica.

Nel caso in cui non ci sia nessuna delle persone abilitate a prendere la posta per te e tu non sia in casa, ti viene lasciato nella buca delle lettere **l'avviso di giacenza** con cui ti informano che puoi ritirare la raccomandata all'ufficio postale entro un determinato periodo di tempo.

Mi raccomando: per quanto ti piaccia la tua casa e tu non la voglia lasciare a tutti i costi, **rifiutare la raccomandata di disdetta non serve a nulla**. Anche se lo fai, per la legge l'atto si intende comunque comunicato, quindi non fa alcuna differenza.

Rinnovo del contratto a canone concordato "3+2"

Il contratto "3+2" alla scadenza del triennio iniziale può essere prorogato di altri 2 anni a condizione che:

- **Il locatore non abbia dato disdetta** in uno dei casi previsti dall'articolo 3 della Legge 431/98, di cui parleremo nei prossimi capitoli.

- **Il conduttore non abbia disdetto il contratto**, informando il locatore con una lettera raccomandata con avviso di ritorno – o tramite un altro metodo concordato nel contratto di locazione – con almeno 6 mesi di preavviso.

A differenza del contratto a canone libero, se non c'è una comunicazione scritta da parte tua o del proprietario, **questo contratto si rinnova automaticamente di biennio in biennio**, fino a quando non arriva una lettera di disdetta da una delle due parti.

Come puoi vedere, hai diversi strumenti a disposizione nel caso in cui tu non voglia lasciare la casa che hai preso in affitto.
Ma cosa succede se non vuoi lasciare la casa anche se tu… *non ci fossi più?*
Non stiamo parlando di eventi paranormali, ma della successione del contratto di locazione, che affronteremo nel prossimo capitolo.

In questo capitolo abbiamo parlato di...

Per i contratti a canone libero "4+4" (che hanno una durata totale di 8 anni), 6 mesi prima della scadenza degli 8 anni il locatore e il conduttore hanno la possibilità di **rinnovare la locazione** con nuove condizioni contrattuali.

La comunicazione di intenzione di rinnovo deve essere inviata per raccomandata con ricevuta di ritorno.

Se entrambe le parti non comunicano alcun rinnovo o rinuncia al rinnovo entro 6 mesi prima della scadenza del contratto, **la locazione si rinnova automaticamente per altri 4 anni**, fino a un **massimo di trent'anni**.

Per i contratti a canone concordato "3+2", al termine dei primi 3 anni è possibile **prorogare il contratto per altri 2 anni**, a condizione che il locatore non abbia dato disdetta secondo le disposizioni di legge e che il conduttore non abbia inviato una lettera di disdetta con almeno 6 mesi di preavviso.

Questo tipo di contratto **si rinnova automaticamente di biennio in biennio** se non viene inviata una lettera di disdetta da una delle parti.

È importante **seguire le procedure di comunicazione e rispettare i termini stabiliti** per il rinnovo del contratto di locazione. Ciò consente di continuare a vivere nell'immobile in cui si è costruita una vita, evitando la necessità di cercare una nuova sistemazione.

RINNOVO DEL CONTRATTO A CANONE LIBERO 4+4
1. DURATA
2. RINNOVO
3. DISDETTA ANTICIPATA
8 ANNI (4+4)
Rinnovo automatico alla 1^ scadenza
Durata MAX 30 anni
Il contratto va rinegoziato
Raccomandata a/r
MAX 60 giorni
Forma scritta
Locatore deve inviare presso residenza o domicilio del conduttore
Vi sono solo determinate altre persone autorizzate alla ricezione
Può essere lasciato avviso di giacenza
Rifiutare la raccomandata non ha alcun valore

RINNOVO DEL CONTRATTO A CANONE CONCORDATO
3+2
1.
DURATA
2. RINNOVO
3.
DISDETTA ANTICIPATA
Rinnovo automatico ogni 2 anni
Il conduttore non deve aver disdetto
Forma scritta
Dopo il primo triennio
Il locatore non deve aver disdetto
Il locatore non deve aver disdetto in uno dei casi previsti
Articolo 3 - legge 431/98
6 mesi di preavviso
Raccomandata con a/r

23. E DOPO CHE SUCCEDE?: la successione del contratto di locazione

È fondamentale affrontare questa circostanza, seppure si verifichi soltanto in situazioni che non ci auguriamo, e cioè nel caso di morte dell'intestatario del contratto o in caso di separazione o divorzio.

Morte del conduttore

È l'articolo 6 della legge 392/78 a stabilire chi è abilitato a subentrare nell'appartamento e quindi nel contratto di locazione.

Il diritto di successione nella locazione si basa sulla **convivenza abituale** specificata nel contratto: la Corte di Cassazione (Sezione VI^ Civile, ordinanza numero 26670 del 10 novembre 2017) ha infatti stabilito che **l'erede che non è convivente** abituale **non ha diritto alla successione** nel contratto di locazione. Nel qual caso, il contratto viene a cessare e l'immobile va riconsegnato.

Esistono ulteriori dettagli riguardo la successione nel contratto di locazione. **La *convivenza more uxorio,*** e cioè una relazione affettiva stabile tra due persone maggiorenni che vivono insieme come se fossero sposate, e **la *famiglia di fatto con figli,*** ovvero una convivenza non matrimoniale con figli a carico, **consentono sicuramente la successione** del contratto di locazione.

Infine, se la durata residua della locazione al momento del decesso del conduttore supera un anno e il contratto non prevede la possibilità di sublocazione, gli eredi che non abitavano stabilmente con l'inquilino possono recedere dal contratto con un preavviso minimo di 3 mesi.

Separazione o divorzio

Nel caso di separazione giudiziale o divorzio, la successione nel contratto di locazione può avvenire solo se il Giudice assegna la casa familiare al **coniuge non intestatario** del contratto: in questo caso il contratto passa da un coniuge all'altro, anche se il locatore non ne fosse a conoscenza.

Nel caso in cui la casa coniugale oggetto della locazione **non fosse assegnata** dal Giudice e il coniuge titolare del contratto si trasferisse altrove, l'altro coniuge **non potrebbe rimanere** nell'immobile se non con il consenso del locatore.

Nel caso di separazione consensuale la successione nella locazione è la conseguenza dell'accordo dei coniugi contenente l'assegnazione della casa coniugale a quello tra i due che non è intestatario del contratto.

Non c'è successione nel contratto di locazione nel caso di **separazione di fatto**, cioè nel caso in cui marito e moglie decidano di vivere separatamente senza che sia intervenuto un provvedimento di assegnazione della casa familiare.

Nonostante le spiacevoli situazioni particolari, avrai notato che restare nella tua casa – se continui a pagare l'affitto e tutto fila liscio – **non è difficile**.
Discorso diverso è se la casa vuoi lasciarla, soprattutto se hai la necessità di farlo prima della naturale scadenza del contratto.
Parleremo proprio di questo nei prossimi capitoli.

SUCCESSIONE DEL CONTRATTO DI LOCAZIONE
1. MORTE DEL CONDUTTORE
2. SEPARAZIONE O DIVORZIO
Non aventi diritto
Aventi diritto
Divorzio
Separazione consensuale
L'erede non convivente abituale non ha diritto alla successione
La convivenza More Uxorio
Solo se il giudice assegna la casa al familiare non intestatario
Separazione di fatto
Famiglia di fatto con figli
Disdetta possibile entro 3 mesi dalla morte
Non aventi diritto
Durata residua supera un anno
Contratto non prevede la sublocazione
Preavviso non inferiore a 3 mesi
Aventi diritto

24. REAZIONE A CATENA: la cessione del contratto e il subaffitto

Prima di affrontare la disdetta del contratto, parliamo di due concetti fondamentali nel mondo della locazione di immobili che spesso vengono confusi: la cessione del contratto e il subaffitto (o sublocazione).

Nonostante possano sembrare simili, entrambi, in un modo o nell'altro, ti permettono di smettere di pagare l'affitto senza alcun preavviso, sono in realtà di due operazioni distinte, con presupposti e conseguenze diverse.

Cessione del contratto di locazione

La cessione del contratto di locazione avviene quando il conduttore, definito "cedente", trasferisce i propri diritti e obblighi a un'altra persona, detta "cessionario".

Questa operazione **richiede l'approvazione del proprietario dell'immobile**, ed è particolarmente utile nel caso in cui volessi cambiare residenza o – per qualsiasi motivo – terminare il tuo contratto di locazione senza dare un preavviso di almeno 6 mesi, continuando a pagare il canone fino alla data di riconsegna dell'immobile.

Affinché la cessione del contratto possa avere luogo, il contratto di locazione **deve prevedere esplicitamente tale possibilità** in una clausola. In tal caso, basta inviare una comunicazione scritta al proprietario, il quale **non potrà**

opporsi e dovrà sollevarti da ogni obbligo derivante dal contratto di locazione, che diventerà a carico del nuovo inquilino.

Se il contratto vieta esplicitamente la cessione del contratto di locazione, il proprietario può comunque autorizzarla, se dovesse ritenere il nuovo inquilino affidabile, ma tale autorizzazione deve essere effettuata per iscritto, costituendo una deroga esplicita alla clausola contrattuale.

Anche il proprietario dell'immobile può cedere il tuo contratto in certe situazioni – come la vendita dell'appartamento, la successione ereditaria o costituzione di usufrutto – e in questo caso non serve il tuo consenso. Non avrai nemmeno alcun diritto di importi sulla scelta del nuovo locatore. Ciononostante, il proprietario ha sempre il **dovere** di avvisarti tramite raccomandata con ricevuta di ritorno, perché tu sappia a chi pagare il canone.

Subaffitto (o sublocazione)

Il subaffitto o sublocazione si verifica quando tu decidi di affittare a tua volta la casa – o parte di essa – a un terzo, come in una sorta di affitto "a matrioska". Per subaffittare la tua casa – nel caso in cui non ci sia una clausola nel contratto d'affitto che lo vieti specificatamente – **non hai bisogno di un permesso del proprietario**, ma è comunque nel tuo interesse avvisarlo del cambiamento. Ciò nonostante, resti legato agli obblighi del contratto originale nei confronti del proprietario.

La sublocazione si basa sul contratto di locazione principale e, pertanto, il **subconduttore** – cioè la persona alla quale subaffitti la casa – non può godere di diritti maggiori di quelli concessi al conduttore originale dal contratto principale.
Ciò non vuol dire che i termini del contratto debbano necessariamente restare gli stessi: ad esempio potresti chiedere un canone mensile maggiore rispetto a quello che paghi.

Per poter sublocare un immobile, è necessario che la durata della sublocazione sia **uguale o inferiore** a quella della locazione principale, e che il subconduttore restituisca l'immobile alla scadenza del contratto di locazione principale.

Sia per la cessione del contratto che per il subaffitto, è fondamentale **redigere un contratto scritto e registrarlo presso l'Agenzia delle Entrate**, per garantire la legalità e la validità dell'operazione.
La mancata registrazione può comportare sanzioni pecuniarie e l'invalidità dell'operazione stessa.

In questo capitolo abbiamo parlato di…

La cessione del contratto di locazione avviene quando il conduttore **trasferisce i suoi diritti e obblighi a un'altra persona**, previa approvazione del proprietario dell'immobile.

Ciò permette al conduttore di terminare il contratto senza dover dare un preavviso di 6 mesi, continuando a pagare il canone fino alla data di riconsegna dell'immobile.

È necessario che il contratto di locazione **preveda esplicitamente** la possibilità di cessione e che si invii una comunicazione scritta al proprietario. Nel caso in cui il contratto vieti la cessione, il proprietario può comunque autorizzarla se ritiene il nuovo inquilino affidabile, ma questa autorizzazione deve essere data per iscritto come deroga alla clausola contrattuale.

Il proprietario può cedere il contratto del conduttore in determinate situazioni come la vendita dell'immobile, la successione ereditaria o la costituzione di un usufrutto, **senza richiedere il consenso** del conduttore.

Il subaffitto si verifica quando il conduttore decide di affittare la casa o una parte di essa a un terzo. Per subaffittare, **non è necessario un permesso esplicito** del proprietario, ma è comunque **consigliabile** avvisarlo della situazione.
Il conduttore resta responsabile nei confronti del proprietario secondo i termini del contratto originale.

La sublocazione si basa sul contratto di locazione principale e **il subconduttore non ha diritti superiori** a quelli concessi al conduttore originale.

La durata della sublocazione deve essere **uguale o inferiore** a quella del contratto di locazione principale, e il subconduttore deve restituire l'immobile alla scadenza del contratto principale.

Sia per la cessione del contratto che per il subaffitto, **è importante redigere un contratto scritto e registrarlo** presso l'Agenzia delle Entrate per garantire la legalità e la validità dell'operazione.

La mancata registrazione può comportare sanzioni pecuniarie e l'invalidità dell'operazione stessa.

CESSIONE DEL CONTRATTO E SUBAFFITTO
FORMA SCRITTA E REGISTRATO PRESSO AGENZIA DELLE ENTRATE
1. CESSIONE DEL CONTRATTO DI LOCAZIONE
2. SUBAFFITTO
Può essere esplicitamente vietata
Deve essere esplicitamente prevista
Non è necessario che sia esplicitamente prevista
Senza il permesso del conduttore
Senza il permesso del locatore
Non è necessario il permesso del locatore
Il locatore può cedere
Il conduttore NON può cedere
Durata uguale o inferiore alla locazione principale
È sempre il conduttore principale a restare vincolato agli obblighi contrattuali
Il subconduttore non gode di diritti oltre quelli del conduttore principale

25. RIMANIAMO BUONI AMICI: la disdetta del contratto

Se hai deciso di lasciare l'immobile in affitto, puoi procedere in due modi:

- Attraverso **la disdetta**, che rappresenta l'espressione di **volontà di non voler rinnovare il contratto** alla data della sua scadenza naturale.

- Attraverso **il recesso**, che invece è la volontà di sciogliere il rapporto contrattuale **prima della sua scadenza naturale**.

In entrambi i casi, la tua volontà di lasciare la casa **deve essere scritta**. Ti farà piacere sapere che in questo caso **la giurisprudenza ammette anche modalità equipollenti** rispetto alla PEC: ad esempio, se mandi un messaggio su WhatsApp e il locatore ti risponde, hai comunque esercitato il recesso. Ma noi ti consigliamo sempre di rispettare le modalità di comunicazione indicate nel contratto di locazione.

Nelle locazioni a canone libero (4+4) e a canone concordato (3+2), il recesso deve essere comunicato al locatore con un preavviso scritto di almeno **6 mesi prima** della data in cui vuoi lasciare casa, a meno che non sia specificato diversamente nel contratto che hai firmato.

Nel caso di locazioni di natura transitoria o per studenti universitari, il recesso ha generalmente un preavviso di un mese – raramente supera i 3 mesi – anche se questo dipende dalla durata specifica della locazione. Per le locazioni brevi – di durata uguale o inferiore a 30 giorni – non è previsto un preavviso minimo.

La tua intenzione di recedere dal contratto tramite disdetta può essere comunicata **in qualsiasi momento**.

Ma cosa succede dopo la disdetta? Una volta avvisato il locatore, puoi andartene il giorno dopo?

In realtà, non è così semplice. Anche dopo aver dato la disdetta, **dovrai corrispondere il canone di locazione fino alla data concordata**, cioè fino alla fine dei 6 mesi o del periodo specificato nel tuo contratto.

Anche se riconsegni le chiavi e ti trasferisci il giorno dopo aver inviato la raccomandata di disdetta, dovrai comunque continuare a pagare l'affitto!

A dircelo è proprio la Corte di Cassazione, Sezione 6-3 Civile, con l'ordinanza numero 13092 del 24 maggio 2017, che ha stabilito che il conduttore «è comunque tenuto al pagamento del canone fino alla scadenza del termine semestrale di preavviso, indipendentemente dal fatto che il rilascio sia avvenuto in data anteriore».

A questo punto potrebbero sorgerti dei dubbi:

«E se ho un'urgenza o un motivo serio, devo comunque rispettare il preavviso di sei mesi?».

«E se mi trasferiscono per motivi di lavoro?».

«E se trovo una casa più economica? Devo per forza pagare due affitti?».

I **gravi motivi di recesso** possono includere:

- **Licenziamento dal lavoro**, che potrebbe rendere impossibile far fronte al pagamento del canone di locazione.

- **Patologie invalidanti** che impediscano di far fronte all'adempimento della spesa di pagamento del canone.

- **Riduzione del contratto di lavoro** che ti rende necessario trasferirti in un'abitazione più economica.

- **Trasferimento per lavoro**, che richiede di cambiare città o regione.

- **Stalking condominiale**, ovvero situazioni in cui l'impossibilità di mantenere rapporti equilibrati con i vicini di casa rende insostenibile la convivenza.

In questi casi avrai la possibilità di lasciare l'appartamento in qualsiasi momento per **giusta causa**, ma dovrai comunque inviare un preavviso scritto di 6 mesi, periodo durante il quale pagherai l'affitto a meno che non ti accordi con il locatore, cosa del tutto fattibile.

Questi motivi devono essere provati, e sono considerati delle situazioni d'urgenza a cui nessuno avrebbe mai potuto pensare al momento della firma del contratto.

Il locatore ha il diritto di verificare tali motivi e di opporsi, facendo valere il vincolo contrattuale fino alla naturale scadenza del contratto, anche per evitare che qualcuno possa utilizzare gli imprevisti come scusa per interrompere unilateralmente la locazione.

Tu non ci crederai, ma esistono anche dei proprietari che **scelgono di rinunciare al canone di locazione** per venirti incontro davanti a queste necessità impreviste. La rinuncia deve essere espressa con un accordo scritto, che dovrebbe includere l'accettazione del recesso come da te comunicato e la rinuncia a qualsiasi azione per recuperare il credito relativo ai mesi di canone non percepiti.

Per facilitarti la vita nel caso in cui tu non possa più permetterti di pagare il canone concordato, il locatore può venirti incontro cercando di **trovare un compromesso**, come abbassare l'affitto per un certo periodo o concederti più tempo per pagare.

Tra i gravi motivi che giustificano la risoluzione anticipata della locazione, vi sono anche:

- **L'inadempimento del locatore** rispetto all'obbligo di mantenere l'immobile in buone condizioni, secondo gli articoli 1575 e 1576 del codice civile.

- **I vizi occulti** dell'immobile locato.

- **Problemi strutturali del condominio** in cui si trova l'immobile, che pregiudicano il tuo quieto godimento dello stesso.

Come già accennato nei capitoli precedenti, nel caso in cui il locatore non adempia alle manutenzioni richieste o in presenza di vizi dell'immobile da te denunciati, puoi restituire l'immobile al locatore in anticipo e **agire in giudizio** – dopo l'obbligatoria procedura di mediazione avviata a seguito di un sopralluogo tecnico – per il risarcimento del danno subito.

Soltanto in queste circostanze – in cui la responsabilità è unicamente del proprietario dell'immobile – non è necessario rispettare il termine di preavviso di 6 mesi e **potrai sottrarre dal canone di locazione la spesa** che il locatore si rifiuta di sostenere per eliminare i vizi o malfunzionamenti dell'appartamento.

Facciamo un **esempio pratico**: nel tuo appartamento c'è un problema di muffa che va risolto, ma il proprietario non vuole sborsare un centesimo. Se tu paghi 900€ al mese di canone, e si stima che il costo che dovrebbe sostenere il proprietario per risolvere il problema sia di 1.800€, potresti avere il diritto di non pagare due mesi di affitto.

Tutto ciò deve essere valutato attentamente analizzando la specifica tipologia di vizi e di malfunzionamenti segnalati e la gravità del tuo disagio: ti consigliamo di **parlarne prima con un avvocato di fiducia**, che saprà intraprendere nel tuo interesse il percorso più appropriato, considerando le circostanze specifiche del tuo caso.

In un contratto di locazione ci sono delle parti insidiose che potrebbero sfuggirti, come ad esempio la **clausola risolutiva espressiva**.

In questo capitolo abbiamo parlato di...

La disdetta rappresenta la volontà di **non rinnovare il contratto alla sua scadenza** naturale e può essere comunicata in qualsiasi momento.

Il recesso, invece, indica la volontà di **sciogliere il contratto prima della sua scadenza** naturale.

In entrambi i casi, è necessario fornire **una comunicazione scritta** al locatore, seguendo le modalità indicate nel contratto di locazione.

Nelle locazioni a canone libero (4+4) e a canone concordato (3+2), il recesso richiede un **preavviso di almeno 6 mesi** prima della data in cui si intende lasciare l'immobile, a meno che il contratto preveda una diversa specifica.

Per le locazioni transitorie o per studenti universitari il preavviso di recesso di solito è di **un mese**, ma può variare a seconda della durata specifica della locazione.

Per le locazioni brevi, di durata uguale o inferiore a 30 giorni, **non è richiesto un preavviso minimo.**

Dopo aver dato disdetta o recesso, è importante sapere che **è necessario continuare a pagare l'affitto fino alla data concordata**, anche se si restituiscono le chiavi e ci si trasferisce prima della scadenza effettiva.

Ci sono situazioni in cui **è possibile recedere anticipatamente dal contratto per gravi motivi**, che possono includere licenziamento dal lavoro, patologie invalidanti, riduzione del contratto di lavoro, trasferimento per lavoro o situazioni di stalking condominiale.

In tali casi, è necessario inviare un **preavviso scritto di 6 mesi** e continuare a pagare l'affitto durante il periodo di preavviso, a meno che non si raggiunga un accordo diverso con il locatore.
Il locatore ha il diritto di verificare tali motivi e di opporsi se non li ritiene validi.

Se il locatore non adempie agli obblighi di manutenzione dell'immobile, se ci sono **vizi occulti gravi** o **problemi strutturali** del condominio che pregiudicano il godimento dell'immobile, **è possibile restituire l'immobile anticipatamente** e agire in giudizio per ottenere il risarcimento del danno subito. In tali circostanze, **non è necessario rispettare il termine di preavviso** di 6 mesi e si può detrarre dal canone di locazione la spesa che il locatore si rifiuta di sostenere per eliminare i vizi o malfunzionamenti dell'appartamento.

Tuttavia, **è importante valutare attentamente la situazione** e consultare un avvocato per determinare la migliore strategia legale da adottare.

È consigliabile cercare una soluzione amichevole con il locatore, come una riduzione temporanea dell'affitto o una proroga dei pagamenti, nel caso in cui si verifichino gravi difficoltà finanziarie o altre circostanze impreviste.

26. ARRIVEDERCI E GRAZIE: la clausola risolutiva espressa

Quando affitti un appartamento, troverai nel contratto di affitto una sezione chiamata "clausola risolutiva espressa".

È una parte importante del contratto che può avere un grande impatto su di te se – per qualsiasi motivo – non riuscissi a rispettare una o più obbligazioni contrattuali, ad esempio il pagamento dell'affitto.

In un contesto normale, nel caso in cui tu non riesca a pagare il canone mensile, il locatore dovrebbe inviarti una comunicazione formale, nota come **messa in mora**, la quale ti avvisa dell'insoddisfazione del locatore e ti offre un periodo di tempo definito per risolvere la situazione, pagando l'affitto arretrato. Alla scadenza di questo periodo – se non hai ancora saldato il debito – il locatore ha il diritto di intraprendere un'azione legale per ottenere lo sfratto. Tuttavia, la presenza di una clausola risolutiva espressa nel contratto di locazione cambia la dinamica.

Questa clausola concede al locatore il diritto di avanzare un'azione legale senza dover necessariamente inviare una messa in mora. Può quindi citarti direttamente in giudizio per morosità.

Tuttavia, il locatore non può cacciarti a calci fuori di casa: **dovrà comunque presentare il suo caso davanti a un Giudice**, al quale potrai richiedere del tempo per sanare la morosità, se dovesse essere provata.

Ma anche qui le cose non sono così semplici: se il Giudice ritenesse che la tua richiesta sia solo un tentativo per guadagnare tempo, potrebbe convalidare lo sfratto con tutte le conseguenze del caso, tra cui un aumento dei costi legali e delle spese.

Nonostante abbiamo affrontato il tema "contratto" all'inizio del libro, ribadiamo **l'importanza di leggere attentamente tutte le clausole del contratto di locazione**, anche a costo di confrontarti con un consulente legale per assicurarti di comprendere appieno le tue responsabilità contrattuali e le possibili conseguenze del tuo inadempimento.

Meglio spendere qualche soldo per un avvocato prima, piuttosto che spendere molti più soldi dopo, quando il danno è già fatto.

27. NIENTE PANICO: la procedura di sfratto

Affrontiamo un tema che può sembrare spaventoso nel capitolo più lungo e faticoso del libro.

Siamo consapevoli di quanto soltanto il suono della parola "sfratto" **possa suscitare un senso di ansia, di ribrezzo o addirittura di paura**, perché magari avrai sentito racconti strappalacrime – più o meno veritieri – su tale procedura, o ne avrai sentito parlare in qualche film o serie televisiva come un qualcosa che potrebbe rovinarti la vita.

O magari hai avuto – o stai vivendo – un'esperienza negativa che ti porta a pensare che ogni volta che si parla di sfratto si sta raccontando una storia che finirà male.

In realtà **non tutte le procedure di sfratto sono così estremamente negative**, e dopo aver letto queste pagine avrai piena consapevolezza del significato legale e pratico di questa parola, spogliandola del suo potere "intimidatorio" e sapendo come agire nel caso in cui dovesse succedere proprio a te.

Partiamo dall'inizio con una semplice definizione: la procedura di sfratto è una serie di passaggi legali che un locatore – o anche un singolo comproprietario nel caso di proprietà cointestate – può intraprendere quando un inquilino non rispetta i termini del contratto di locazione.

Lo sfratto è un processo che inizia con un'azione giudiziaria nota come **"intimazione di sfratto"** e può avvenire per vari motivi, come la fine della locazione o il mancato pagamento dell'affitto.

La fine della locazione è la conseguenza della scadenza naturale del contratto oppure deriva da una specifica richiesta del locatore: in entrambi i casi, **devi ricevere una disdetta scritta con un preavviso di 6 mesi** prima della scadenza del contratto.

Intimazione di sfratto per morosità

Se un inquilino non paga l'affitto o le spese accessorie – come le spese condominiali e il riscaldamento – entro i termini stabiliti nel contratto, il locatore può intraprendere azioni legali e iniziare un procedimento di sfratto per morosità.

In entrambi i casi, l'intimazione di sfratto segna l'inizio del procedimento di convalida dello sfratto, che il locatore inizia di fronte al Giudice per ottenere un provvedimento che lo autorizzi a riprendere possesso dell'immobile.

Tale provvedimento è un titolo esecutivo, che consente al locatore di promuovere l'esecuzione forzata per liberare l'immobile, anche contro la volontà dell'inquilino, a meno che non decida di rilasciarlo spontaneamente.

Il procedimento di convalida dello sfratto non è possibile se il contratto di locazione è nullo a causa di difetti nella forma scritta.

Ma come avviene lo sfratto? Un giorno ti svegli e trovi fuori alla porta un ufficiale giudiziario che ti obbliga a lasciare l'appartamento?

Assolutamente no, attraverso la già citata **notificazione dell'atto di intimazione di sfratto** vieni a conoscenza dell'azione giudiziaria intrapresa contro di te. Questo documento è un atto di citazione a comparire davanti al Giudice e contiene le ragioni specifiche per cui il locatore ha intrapreso il procedimento di sfratto. L'atto deve esserti notificato presso l'indirizzo dell'immobile in affitto - se lì hai eletto domicilio - o presso la tua residenza personale.

Se l'atto non viene notificato correttamente – ad esempio viene notificato presso un altro indirizzo – la procedura non può instaurarsi regolarmente. Se venisse consegnato a qualcuno che vive con te o al portiere, ti deve essere inviata una raccomandata con ricevuta di ritorno che attesti la consegna effettuata.

Anche se rifiuti la notifica dell'atto, il procedimento va avanti ugualmente.

A questo punto, saprai la data in cui dovrai presentarti – assieme all'avvocato che avrai nominato – di fronte al Giudice del Tribunale del luogo in cui si trova la casa. È compito del tuo avvocato verificare se nel tuo caso specifico ci sono i presupposti per redigere **una comparsa di risposta**, e quindi difenderti davanti al Giudice innanzi al quale dovrai comparire in prima udienza.

La data dell'udienza indicata nell'atto **potrebbe non corrispondere** alla data in cui dovrai effettivamente presentarti in Tribunale, poiché tale data potrebbe essere posticipata.

Pertanto, tramite il tuo avvocato, dovrai verificare la data esatta di comparizione, insieme al nome del Giudice e alla Sezione del Tribunale in cui si terrà l'udienza.

Nel caso in cui non dovessi presentarti all'udienza, il Giudice ordinerà che la notifica della citazione sia rinnovata se dovesse ritenere probabile che tu non ne sia a conoscenza. In altre parole, **rinvierà la causa** ad altra udienza se non hai potuto partecipare per caso fortuito o forza maggiore.

Se dovessi risultare assente senza alcun motivo valido, oppure ti dovessi presentare senza fare opposizione, il Giudice emetterà un'ordinanza di **convalida dello sfratto**, stabilendo la data entro la quale il proprietario potrà ottenere il rilascio forzato dell'immobile con l'aiuto dell'ufficiale giudiziario e delle forze dell'ordine.

Perché all'improvviso parliamo di **opposizione?**

Potrebbero esserci dei casi in cui la procedura di sfratto sia ingiusta, e sta a te – e al tuo avvocato – dimostrarlo al Giudice!

Ovviamente puoi fare opposizione allo sfratto solo nel caso in cui i tuoi motivi siano validi, come in questi casi:

- **L'atto di notifica dello sfratto è stato fatto in maniera errata** senza rispettare i termini di legge.

- **Hai già pagato il canone di locazione e gli oneri accessori**, e quindi contesti l'entità della morosità lamentata dal locatore.

- **Il proprietario ti ha chiesto un importo superiore** rispetto al dovuto.

- **Esiste un accordo scritto con il locatore per il pagamento del canone in modo rateizzato**, e il locatore non ha rispettato tale accordo.

- **Puoi provare un comportamento illecito del locatore**, come azioni che hanno reso l'immobile inabitabile e ti hanno indotto a non pagare il canone come forma di "protesta".

Se ci sono motivi validi per opporsi allo sfratto si verifica quello che tecnicamente viene chiamato in termini tecnici **"cambio di rito"**.

Vuol dire che il procedimento passerà da sommario – che in teoria permette di arrivare a una decisione finale in poco tempo – a un procedimento **ordinario di cognizione**, in cui il Giudice verifica la situazione giuridica esistente tra le parti coinvolte, individua la norma giuridica applicabile al caso specifico e decide con una sentenza, risolvendo la controversia tra le parti.

Altri motivi di opposizione alla convalida dello sfratto per finita locazione possono essere legati alla tua **situazione personale**: motivi di salute o difficoltà economiche oggettive potrebbero indurre il Giudice a rinviare la data della convalida dello sfratto e quella della sua effettiva esecuzione.

Esistono inoltre delle **categorie protette** a favore delle quali, nel caso in cui ricevano uno sfratto, la data di esecuzione **può essere rimandata** da 90 a un massimo di 120 giorni, poiché si presuppone che non abbiano potuto pagare il canone per ragioni **non imputabili a loro**. Fa parte di queste categorie:

- Chi ha compiuto 65 anni d'età.
- Chi ha cinque o più figli a carico.
- Chi è iscritto nelle liste di mobilità.
- Chi percepisce un trattamento di disoccupazione o di integrazione salariale.
- Chi è formalmente assegnatario di una casa popolare.
- Chi è acquirente di un alloggio in costruzione.
- Chi è proprietario di alloggio per il quale ha iniziato azione di rilascio.
- Chi è malato terminale o portatore di handicap.
- Chi ha un componente del nucleo familiare – con cui convive da almeno 6 mesi – malato terminale o portatore di handicap.

Ogni motivo di opposizione va provato al di là di ogni ragionevole dubbio, **non basta la tua parola** per convincere un Giudice.

Anche per questo, **l'assistenza di un buon avvocato è fondamentale** in tutte le fasi della procedura di sfratto.

Sorge una domanda spontanea:

«Come posso permettermi un avvocato se mi trovo in questa situazione proprio perché non ho i soldi per pagare l'affitto?».

Ci sono dei mezzi messi a disposizione dal sistema giudiziario italiano per garantirti un accesso equo alla giustizia. Si tratta del patrocinio a spese dello Stato, noto anche come **gratuito patrocinio**.

Molto recentemente – con il Decreto Interdirigenziale del 10 maggio 2023 del Capo Dipartimento degli Affari di Giustizia, in concerto con il Ragioniere Generale dello Stato – **il limite reddituale per accedere al gratuito patrocinio è stato aggiornato a 12.838,01€.**

Il valore è calcolato considerando il reddito imponibile dell'interessato, risultante dall'ultima dichiarazione Irpef. Se l'interessato convive con il coniuge e/o con altri familiari, viene considerato il reddito complessivo dell'intero nucleo familiare.

Il gratuito patrocinio rappresenta una forma di assistenza legale gratuita, che lo Stato garantisce ai cittadini meno abbienti il cui reddito annuo non supera la soglia stabilita.

L'assistenza comprende sia i costi dell'avvocato che le spese di giustizia e viene concessa nel caso in cui tu debba promuovere un giudizio o difenderti davanti al Giudice.

È importante sottolineare, però, che non si può accedere al patrocinio gratuito se la difesa si basa su motivazioni manifestamente infondate, con il solo scopo di ritardare un giudizio di sfratto sfavorevole.

Per accedere al patrocinio gratuito, il primo passo è **scegliere e nominare un avvocato tra quelli iscritti negli elenchi dedicati**, divisi per materia, che si trovano sul sito internet istituzionale del Consiglio dell'Ordine degli avvocati della città in cui ha sede il Tribunale in cui devi comparire. Se incontri difficoltà, ogni Ordine degli Avvocati fornisce uno sportello informativo dove è possibile ottenere l'elenco degli avvocati iscritti e informazioni di carattere generale.

Una volta scelto l'avvocato, sarà lui a occuparsi di verificare l'esistenza dei requisiti di reddito e del deposito dell'istanza di ammissione.

L'istanza per richiedere il patrocinio gratuito deve includere diversi elementi importanti:

- La richiesta per essere ammessi al patrocinio a spese dello Stato.
- L'indicazione del caso giudiziario per cui stai cercando assistenza legale.
- I tuoi dati personali, inclusi nome, cognome e codice fiscale.
- Se vivi con altri, i loro dati e codici fiscali.
- Una dichiarazione che riporta i tuoi guadagni nell'anno precedente alla domanda.
- Un impegno scritto nel quale prometti di informare l'Ordine degli Avvocati se i tuoi guadagni dovessero cambiare significativamente entro un anno dalla presentazione della domanda.

Il Consiglio dell'Ordine degli avvocati, valutata la fondatezza dell'istanza, comunica l'accoglimento o il rifiuto, caso in cui è possibile fare domanda direttamente al Giudice del procedimento.

È importante ricordare che all'avvocato nominato è vietato chiedere o percepire compensi o rimborsi a qualsiasi titolo. Al termine di ogni fase o grado del processo, o in ogni caso al momento della cessazione dell'incarico, gli onorari e le spese saranno liquidati con decreto dall'autorità giudiziaria.

È importante anche smarcare un altro "falso mito" che potresti aver sentito: **gli avvocati che lavorano per il gratuito patrocinio non sono meno capaci** degli avvocati che pagheresti normalmente se ne avessi la possibilità. Ricorda che questi professionisti non lavorano gratis, è solo che a pagarli non sei tu, ma lo Stato.

Bene, abbiamo affrontato uno dei temi più difficili del mondo degli affitti e ne siamo usciti illesi.

Magari ti gira un po' la testa e hai bisogno di bere un gran bicchiere d'acqua per riprenderti, ma ricorda: **sarà proprio quello che hai imparato tra queste pagine a fare la differenza** quando tu – o qualcuno che ami – si troverà ad affrontare una situazione del genere.

A proposito di situazioni da capogiro: cosa succede se il proprietario vuole vendere la casa durante il tuo contratto di locazione?
Ne parliamo nel prossimo capitolo!

In questo capitolo abbiamo parlato di...

La procedura di sfratto può suscitare ansia e preoccupazione, ma è importante comprendere che non tutte le situazioni di sfratto sono estremamente negative e che ci sono strumenti legali a tua disposizione per difenderti.

Lo sfratto è un processo che inizia con un'azione legale chiamata **"intimazione di sfratto"**, che può essere avviata dal locatore quando l'inquilino non rispetta i termini del contratto di locazione.

Può essere motivato dalla fine della locazione o dal mancato pagamento dell'affitto.

Se non paghi l'affitto o le spese accessorie entro i termini stabiliti nel contratto, il locatore può avviare un procedimento di **sfratto per morosità**.

L'intimazione di sfratto segna l'inizio del processo di convalida dello sfratto, che il locatore avvia presso il Tribunale per ottenere un provvedimento che gli permetta di riprendere il possesso dell'immobile. Questo provvedimento, noto come **"titolo esecutivo"**, autorizza il locatore a procedere con **l'esecuzione forzata** per liberare l'immobile, anche contro la tua volontà.

È importante comprendere che **lo sfratto non avviene improvvisamente**. Riceverai un **atto di notifica** dell'intimazione di sfratto, che contiene le ragioni specifiche del procedimento avviato dal locatore. Questo atto deve essere notificato correttamente all'indirizzo dell'immobile in affitto o alla tua residenza personale. Se l'atto **non viene notificato correttamente**, il procedimento **potrebbe non essere valido**.

È necessario comparire di fronte al Giudice in un'udienza specificata nell'atto di notifica, ma è importante **confermare la data esatta** con il tuo avvocato, in quanto potrebbe essere soggetta a cambiamenti.

È possibile **fare opposizione** allo sfratto se hai motivi validi, come un'errata notifica dell'atto di sfratto, il pagamento dell'affitto e delle spese accessorie, richieste eccessive del locatore o accordi scritti non rispettati.

La tua opposizione può portare a un **cambio di rito**, passando da un **procedimento sommario** a un **procedimento ordinario di cognizione**, in cui il Giudice esamina la situazione e decide con una sentenza.

In alcuni casi, la data di esecuzione dello sfratto può essere **rinviata**, come nel caso di **categorie protette**, oppure per motivi di salute o difficoltà economiche oggettive. È importante dimostrare in modo convincente i motivi della tua opposizione al Giudice.

Per affrontare la procedura di sfratto, puoi beneficiare del patrocinio a spese dello Stato, noto anche come **gratuito patrocinio**, che fornisce **assistenza legale gratuita** se soddisfi i requisiti di reddito stabiliti. Devi **nominare un avvocato** tra quelli iscritti negli elenchi dedicati e presentare un'istanza di ammissione al patrocinio gratuito. L'avvocato nominato si occuperà di verificare i requisiti e la documentazione necessaria.

Agli avvocati del patrocinio gratuito è vietato richiedere compensi o rimborsi.

Durante la procedura di sfratto, è fondamentale l'assistenza di un avvocato che garantisca che i tuoi diritti siano protetti e che cerchi le migliori soluzioni possibili al caso.

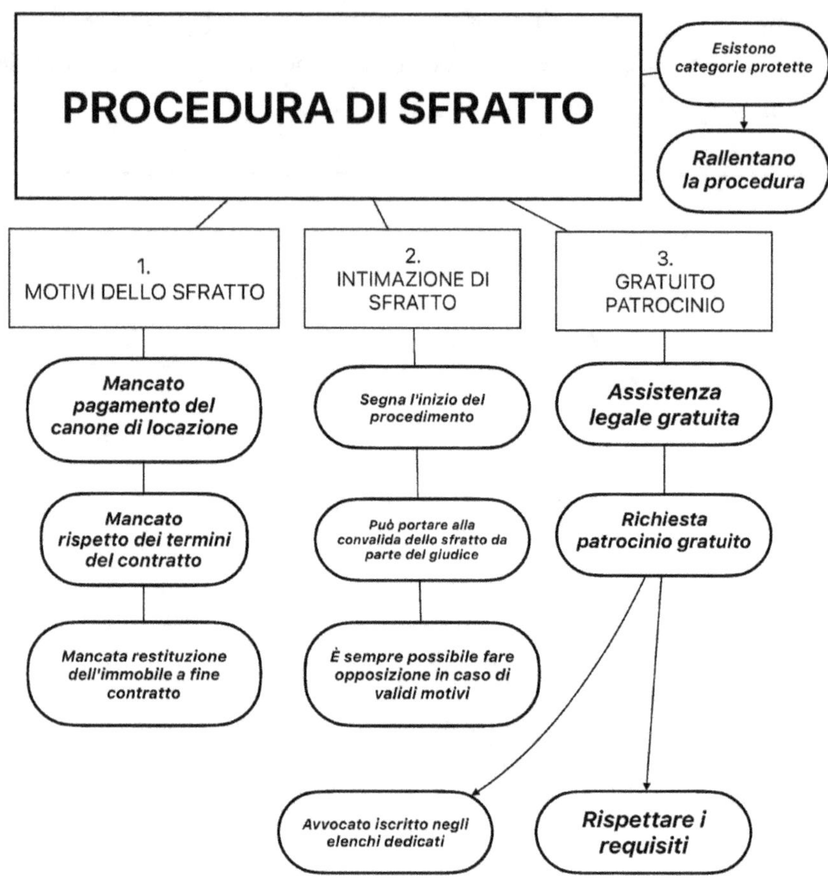
PROCEDURA DI SFRATTO
Esistono categorie protette
Rallentano la procedura
1. MOTIVI DELLO SFRATTO
2. INTIMAZIONE DI SFRATTO
3. GRATUITO PATROCINIO
Mancato pagamento del canone di locazione
Mancato rispetto dei termini del contratto
Mancata restituzione dell'immobile a fine contratto
Segna l'inizio del procedimento
Può portare alla convalida dello sfratto da parte del giudice
È sempre possibile fare opposizione in caso di validi motivi
Assistenza legale gratuita
Richiesta patrocinio gratuito
Avvocato iscritto negli elenchi dedicati
Rispettare i requisiti

28. E ADESSO?: se il proprietario vuole vendere casa

Stai cenando nella tua bella casa in affitto, con estrema calma e in pace con il mondo. A un certo punto suona il telefono: è il tuo proprietario, che ti comunica di aver messo in vendita la casa in cui vivi.

E adesso che si fa? Devi cominciare a fare le valigie in preda al panico?

Respira e continua a leggere: come ti abbiamo già detto, il panico si combatte conoscendo i diritti che la legge italiana ti concede!

Il proprietario che intenda vendere alla **prima scadenza contrattuale** – i primi 4 anni nei contratti di locazione "4+4" e il primo triennio dei contratti "3+2" – non deve possedere altri immobili a uso abitativo oltre a quello eventualmente adibito a propria abitazione.

Al contrario, nessuna particolare condizione è imposta al locatore che intenda vendere successivamente alla prima scadenza contrattuale, cioè dopo i primi 4 anni o i primi 3 anni di locazione.

Nel caso queste condizioni siano rispettate e il locatore avesse ogni diritto di vendere la casa in cui vivi, a te viene riconosciuto un **diritto di prelazione**, se previsto nel contratto di locazione.

La prelazione è un diritto preferenziale che ti permette di avere **la precedenza sull'acquisto dell'immobile** rispetto ad altri potenziali acquirenti. **Non è però un diritto automatico** e va esercitato rispettando alcuni passaggi.

In primo luogo, il proprietario **deve comunicarti la sua intenzione di vendere l'immobile** mediante una lettera di disdetta da inviarti 6 mesi prima della scadenza del contratto e nella quale ti comunica l'intenzione di vendere. Questa lettera deve essere inviata tramite raccomandata con ricevuta di ritorno o altro metodo che fornisca prova di consegna, come la Posta Elettronica Certificata (PEC).
In seguito alla disdetta, il proprietario deve inviarti una comunicazione che deve includere non solo la sua volontà di vendere l'immobile, ma anche le condizioni di vendita, il prezzo e **ogni altro dettaglio rilevante**.

Dopo aver ricevuto la comunicazione, **hai 60 giorni di tempo per esprimere la tua intenzione di esercitare il diritto di prelazione**, comunicando la tua decisione al proprietario tramite raccomandata o PEC, dichiarando la tua intenzione di acquistare l'immobile alle condizioni proposte. Se non accetti nel termine indicato, decade il tuo diritto e dovrai riconsegnare l'immobile alla scadenza contrattuale stabilita.
Non ti spetta nessuna prelazione nel caso in cui il proprietario trasferisca l'immobile al coniuge o a un parente prossimo, oppure quando si tratta di un immobile ereditato da più persone: il diritto di prelazione spetta ai coeredi.
Anche nel caso di donazione dell'immobile o di vendita in blocco dell'intero edificio in cui si trova l'immobile non hai diritto alla prelazione.

Se il proprietario ha venduto l'immobile senza rispettare le procedure sopra indicate, la legge prevede un ulteriore strumento di tutela per l'inquilino: **il diritto di riscatto**, che ti permette di "riscattare" l'immobile, ovvero di acquistarlo alle stesse condizioni concordate tra il proprietario e il terzo acquirente.

Per esercitare il diritto di riscatto attraverso un'azione giudiziale, hai un lasso di tempo di 6 mesi a partire dalla trascrizione del contratto di compravendita.

Come abbiamo visto, il proprietario **non può vendere la sua casa quando e come vuole**. Nel caso in cui ti dovesse inviare una disdetta senza che ricorrano le condizioni di legge per poterlo fare, **hai diritto al risarcimento del danno** non inferiore a 36 mensilità di canone, o in alternativa al ripristino del contratto di locazione.

Se ti trovi in una situazione in cui il proprietario del tuo immobile in affitto intende venderlo, **ti consigliamo vivamente di rivolgerti a un professionista del settore legale** per ottenere un consiglio adeguato e garantire la tutela dei tuoi diritti.

Se nel contrato di locazione non è prevista la prelazione o comunque non vuoi o non puoi acquistare la casa, chi la acquista è sempre obbligato a rispettare i termini e le condizioni del tuo contratto di locazione e non potrà mandarti via come gli pare e piace!

Vediamo a che punto siamo nel nostro percorso: volente o nolente, abbiamo lasciato l'appartamento che avevamo preso in affitto.
Ma prima di superare l'uscio e cominciare un nuovo capitolo della nostra vita, **bisogna stare attenti ad alcuni dettagli prima di riconsegnare l'appartamento**, per evitare problemi con il locatore.
Affronteremo tutto quello che devi sapere sulla riconsegna dell'immobile nei prossimi capitoli.

Coraggio, sei quasi alla fine, e noi siamo molto fieri di te.

DIRITTO DI PRELAZIONE
1. COME FUNZIONA
2. ECCEZIONI
4.TUTELA DEL CONDUTTORE
Può vendere solo in determinate circostanze
Il proprietario vuole vendere la casa
Trasferimento dell'immobile a un coniuge o parente prossimo
Se il locatore non ha rispettato le procedure di legge per vendere l'immobile
Disdetta da inviare 6 mesi prima della scadenza
Il conduttore ha priorità nell'acquisto
Immobile ereditato da più persone
Diritti (o uno o l'altro)
Se previsto nel contratto
Immobile donato o vendita in blocco dell'intero edificio
Ripristino del contratto di locazione
risarcimento del danno
Dalla ricezione della comunicazione del proprietario
3. DIRITTO DI RISCATTO
Non inferiore a 36 mensilità del canone di locazione
Deve includere le condizioni di vendita
Il conduttore ha 60 giorni di tempo per esprimere intenzione di esercitarlo
Se la prelazione non è stata rispettata
Il nuovo proprietario è obbligato a rispettare il contatto di locazione
A partire dalla sottoscrizione del contratto di compravendita
Acquisti l'immobile alle condizioni concordate tra locatore e terzo acquirente
Hai 6 mesi per farlo valere

29. A CESARE QUEL CHE È DI CESARE: la riconsegna dell'immobile

L'articolo 1590 del Codice Civile stabilisce che il conduttore ha l'obbligo di restituire la proprietà nello stesso stato in cui l'ha ricevuta, salvo *«il deterioramento o il consumo risultante dall'uso della cosa in conformità del contratto»*.

Insomma, in teoria sembra semplice: **devi restituire la casa nello stesso stato in cui ti è stata consegnata**, fatta eccezione per il deterioramento causato dal tempo che è ovvio, perché in quella casa ci hai vissuto, non l'hai mica guardata soltanto come se fosse una bomboniera!
In pratica, stabilire cosa sia un danno causato dall'uso improprio e cosa sia un normale deterioramento non è sempre semplice, e spesso **è causa di controversie** tra locatore e conduttore.

Analizziamo gli esempi più comuni.

La ritinteggiatura delle pareti
All'inizio della locazione, potresti trovare un appartamento già tinteggiato di fresco o un appartamento che necessita di essere tinteggiato. In quest'ultimo caso, generalmente si giunge a un accordo con il locatore: se l'appartamento non è già tinteggiato, potresti negoziare un canone più favorevole proprio in virtù del fatto che dovresti occuparti tu della tinteggiatura, oppure potresti

decidere di rinunciare alla tinteggiatura in cambio di un canone più vantaggioso. Hai piena libertà di negoziare con il proprietario le condizioni contrattuali che meglio rispondono alle tue esigenze e al contesto specifico.

Rinunciare alla tinteggiatura dell'appartamento non deve portarti ad accettare un'abitazione in condizioni non adeguate: il buon senso nel constatare l'urgenza dell'intervento dovrebbe sempre prevalere da entrambe le parti.
Ricorda però che, una volta che accetti l'immobile nello stato in cui si trova – salvo nel caso di gravi vizi dell'immobile, di cui non fa parte la mancata tinteggiatura, a meno che non sia sintomo di danni peggiori –, non potrai mettere in mora il locatore in un secondo momento.

È importante che sia **espressamente indicato nel contratto** lo stato dell'immobile in relazione alla tinteggiatura, specificando se sia tinteggiato di fresco o – se non lo fosse – chi si occuperà di provvedere alla tinteggiatura.

Il problema sorge quando devi riconsegnare l'immobile.
Il proprietario, infatti, potrebbe richiederti di restituire l'immobile tinteggiato di fresco, soprattutto se te l'ha consegnato così e ha inserito una clausola nel contratto che ti obbliga a farlo prima di andartene.
In questo caso, non hai nessuna scelta: dovrai tinteggiare la casa a tue spese.
Se invece il contratto di locazione non indica nulla in merito alla tinteggiatura, occorrerà fare una distinzione tra l'uso dell'immobile senza la dovuta cura e attenzione e il normale degrado dell'immobile dovuto all'usura del tempo.
Di solito, la tinteggiatura delle pareti e del soffitto rientra nell'uso normale del bene, ma nel caso in cui il locatore fornisca una prova fotografica delle condizioni dell'immobile all'inizio del contratto di locazione, potresti comunque essere obbligato a ritinteggiare l'immobile prima di riconsegnarlo.

Ricorda però che – a prescindere da chi pagherà o meno la tinteggiatura – il proprietario **non può mai trattenere il deposito cauzionale** che hai versato alla firma del contratto per coprire le spese di tinteggiatura.

Migliorie e addizioni alla proprietà

Se desideri fare cambiamenti all'immobile per soddisfare le tue esigenze personali o per migliorare la funzionalità dello spazio – ad esempio cambiare la tappezzeria o sostituire i rubinetti del bagno, o addirittura abbattere un muro per creare un ambiente *open space* – hai la possibilità di farlo, ma **sempre con il consenso del proprietario** dell'immobile.

Tieni in considerazione, però, che i cambiamenti comportano ulteriori responsabilità al momento della riconsegna dell'immobile.

Ciò non significa che le modifiche dovranno essere necessariamente rimosse, anzi, se **migliorano il valore** o la funzionalità dell'immobile il proprietario potrebbe essere incline a mantenerle, a patto che non alterino la struttura originale della proprietà.

La legge distingue tra **miglioria**, come ad esempio l'aggiunta di un nuovo impianto di riscaldamento più efficiente, e **le addizioni o innovazioni**, come può esserlo l'installazione di un sistema di illuminazione più avanzato in giardino.

In quest'ultimo caso, sebbene la modifica aumenti il valore della proprietà, è una caratteristica distintiva che può essere rimossa senza alterare la proprietà stessa a discrezione del locatore.

Nel caso in cui il locatore volesse mantenere un'addizione o una miglioria che hai apportato alla casa, potresti avere diritto a **una indennità**, purché tu sia stato autorizzato in precedenza.

L'indennità **non corrisponde a un rimborso** delle spese sostenute, ma è una stima del valore aggiunto alla casa.

Facciamo **un esempio pratico**: il locatore non potrà addebitarti 100€ di danno per la lavastoviglie rotta se ha accettato di mantenere un impianto di illuminazione da 1.000€ che hai installato a tue spese!

Alla riconsegna dell'immobile, il proprietario dovrà restituirti il **deposito cauzionale** che, come abbiamo visto, è una cifra di garanzia che serve a coprire eventuali danni che potresti causare all'immobile o ritardi nel pagamento del canone.

Ma ci sono dei casi in cui il proprietario potrebbe essere in diritto di trattenere questa cifra e di non restituirla.

Capiamo quando, come e perché potrebbe succedere nel prossimo capitolo.

In questo capitolo abbiamo parlato di...

Al termine della locazione, hai l'obbligo di restituire la proprietà **nello stesso stato in cui l'ha ricevuta**, fatta eccezione per il **normale deterioramento** causato dall'uso conforme del bene.

Tuttavia, stabilire la differenza tra danni causati dall'uso improprio e normale deterioramento può essere motivo di controversie tra locatore e conduttore.

Ad esempio, la tinteggiatura delle pareti rientra nell'uso normale del bene, ma se il locatore fornisce una **prova fotografica** delle condizioni dell'immobile all'inizio del contratto, potresti comunque essere **obbligato** a tinteggiarlo.

Il proprietario **non può trattenere il deposito cauzionale** per coprire le spese di tinteggiatura.
Tuttavia, il deposito cauzionale può essere trattenuto per **spese di riparazione o pulizia** necessarie a ripristinare l'immobile nello stato originale a causa di danni causati durante la locazione.

Se hai apportato modifiche con il consenso del proprietario, potresti avere **diritto a un'indennità** per il valore aggiunto alla proprietà.

La restituzione del deposito cauzionale avviene **alla riconsegna dell'immobile,** salvo eventuali spese di riparazione o pulizia.

Nel caso di controversie sulla restituzione del deposito cauzionale o sulle spese di riparazione, è consigliabile cercare una soluzione amichevole tramite la **mediazione** o la **negoziazione**. In caso di mancato accordo, è possibile adire le vie legali.

È importante mantenere una **documentazione dettagliata** dello stato dell'immobile all'inizio e alla fine della locazione, inclusi fotografie e descrizioni, per dimostrare eventuali danni o cambiamenti apportati durante la permanenza.

La riconsegna dell'immobile richiede una **comunicazione chiara** e una comprensione reciproca tra locatore e conduttore al fine di evitare controversie e risolvere eventuali problemi in modo equo e soddisfacente per entrambe le parti.

30. UNA NOTTE DA LEONI: la mancata restituzione del deposito cauzionale

Abbiamo già approfondito la natura e la funzione del deposito cauzionale nel contesto della locazione di immobili.

In questo capitolo, esploreremo le circostanze in cui il proprietario può decidere di **trattenere il deposito cauzionale** – che comprende anche degli **interessi** – che hai versato come garanzia per le obbligazioni derivanti dal contratto di locazione.

Facciamo un brevissimo ripasso. Il deposito cauzionale viene generalmente restituito al termine della locazione quando:

- Lasci volontariamente l'appartamento prima della scadenza del contratto di locazione.

- Il contratto di locazione arriva a termine e né tu né il proprietario avete l'intenzione di rinnovarlo.

- Il proprietario decide di terminare il contratto alla prima scadenza del contratto di locazione, per uno dei motivi indicati dalla legge 431/98, e ti invia una formale disdetta.

- Il proprietario comunica la disdetta prima della seconda scadenza del contratto di locazione.

Tuttavia, ci sono circostanze in cui il proprietario potrebbe scegliere di trattenere il deposito cauzionale: ad esempio, se il proprietario sostiene di aver **subito dei danni all'immobile** e che questi danni non possano essere imputabili a un normale deterioramento dovuto all'uso, ma a un negligente utilizzo da pare tua.

Anche se questo fosse il caso, sappi però che **il proprietario non può trattenere arbitrariamente le somme versate come deposito cauzionale**, piuttosto è tenuto a presentare una domanda giudiziale per ottenere l'assegnazione – totale o parziale – di tali somme, giustificando tale richiesta con la copertura di specifici danni subiti, che andranno ovviamente provati.

Tu comunque avrai sempre la possibilità di difenderti nel corso del procedimento legale.

Nel caso in cui il proprietario decida di trattenere il deposito per presunti danni all'appartamento e tu non sei d'accordo con la sua decisione, hai il diritto di presentare un **ricorso** per ottenere un decreto ingiuntivo che ti consenta di recuperare le somme trattenute indebitamente dal proprietario.

Il proprietario ha il diritto di opporsi al tuo ricorso difendendo le sue ragioni davanti al Giudice.

Una soluzione poco ortodossa ma spesso utilizzata tra locatori e conduttori per evitare l'insorgere di qualsiasi dubbio sulla restituzione del deposito cauzionale è quella di **scalarlo dagli ultimi mesi dell'affitto**: in pratica, tu non paghi gli ultimi due o tre mesi del canone mensile, e il proprietario non dovrà restituirti nulla.

È un'opzione non espressamente prevista dalla legge, ma se vuoi adottarla assicurati di essere in totale accordo con il proprietario e che non possano sorgere controversie relative allo stato dell'immobile alla riconsegna delle chiavi: essendo una procedura non specificata da nessuna legge, può crearti problemi se il proprietario decidesse di interpellare l'autorità giudiziaria per il saldo di presunti danni dell'appartamento.

Rischieresti di trovarti senza deposito cauzionale e comunque con dei danni da pagare.

Rinunciare al deposito cauzionale potrebbe "salvarti" da uno sfratto: se ti viene notificato un atto di intimazione di sfratto per morosità perché non hai pagato l'affitto e/o le spese di condominio e di riscaldamento per un importo pari a due mensilità del canone di locazione, puoi opporti allo sfratto facendo valere il fatto che il proprietario **trattiene il deposito cauzionale**, il quale può compensare parte del debito.

Il proprietario dell'immobile potrebbe rifiutarsi categoricamente di restituirti il denaro senza un valido motivo: in questo caso **hai tutto il diritto di fare causa per recuperare il tuo denaro.**
Avrai bisogno di fare affidamento al tuo avvocato di fiducia ma ricorda sempre che – come abbiamo visto nei capitoli precedenti – prima di eventuali azioni giudiziali c'è l'obbligo di mediazione, salvo che per il ricorso per decreto ingiuntivo

Il libro è quasi finito! Al nostro viaggio manca solo una piccola fermata: le agevolazioni fiscali alle quali hai diritto di accedere in quanto conduttore di un contratto di locazione.

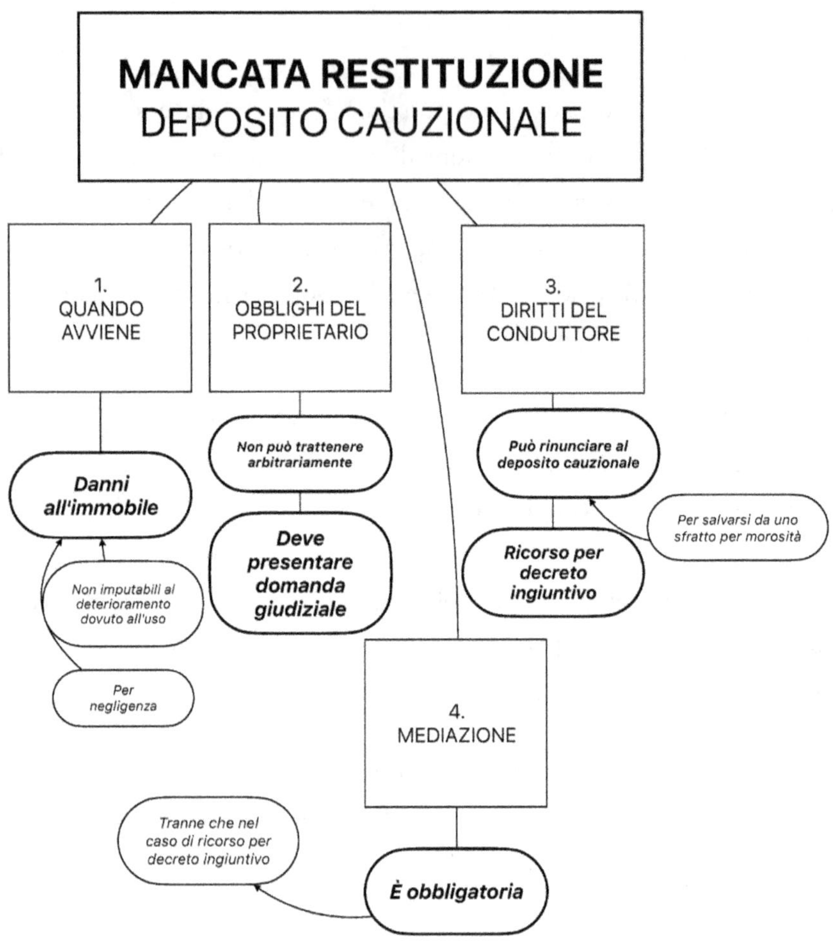
MANCATA RESTITUZIONE
DEPOSITO CAUZIONALE
1.
QUANDO AVVIENE
2.
OBBLIGHI DEL PROPRIETARIO
3.
DIRITTI DEL CONDUTTORE
Danni all'immobile
Non può trattenere arbitrariamente
Può rinunciare al deposito cauzionale
Non imputabili al deterioramento dovuto all'uso
Deve presentare domanda giudiziale
Ricorso per decreto ingiuntivo
Per salvarsi da uno sfratto per morosità
Per negligenza
4.
MEDIAZIONE
Tranne che nel caso di ricorso per decreto ingiuntivo
È obbligatoria

31. IL CODICE DA VINCI: le agevolazioni fiscali nei contratti di locazione

Quale modo migliore per concludere il nostro libro se non spiegandoti quali sono **i soldi che hai il diritto risparmiare** quando firmi un contratto di locazione detraendoli dalle tasse?

Andiamo ad analizzare ogni detrazione disponibile caso per caso

Detrazione per l'affitto di immobile destinato ad abitazione principale

Il conduttore può detrarre un importo **massimo di 991,60€** per l'affitto dell'abitazione principale, a patto che il suo reddito complessivo **non superi i 15.493,71€**.

Se il reddito complessivo si trova tra 15.493,71€ e 30.987,41€, l'importo detraibile diminuisce a **495,80€**.

Per redditi superiori a 30.987,41€, non è prevista alcuna detrazione.

Detrazione per i giovani

A partire dal 2022, i giovani inquilini dai 20 ai 31 anni possono detrarre il 20% del canone di locazione, **fino a un massimo di 2.000€ e per un importo minimo di 991,60€** per i primi 4 anni di locazione (vale anche per le locazioni che non comprendono l'intera abitazione ma solo una parte, come ad esempio una stanza).

Il reddito complessivo **non deve superare i 15.493,71€** e devono esserci le seguenti condizioni:

- Residenza nell'immobile preso in locazione.
- Contratto firmato prima del compimento dei 31 anni.
- L'immobile affittato deve essere diverso dall'abitazione principale dei genitori.

Detrazione per i lavoratori fuori sede

I lavoratori dipendenti che trasferiscono la residenza per motivi di lavoro possono detrarre nei primi 3 anni dal trasferimento della residenza:

- **991,60€** se il reddito complessivo (comprensivo del reddito assoggettato al regime della cedolare secca) non supera i 15.493,71€.

- **495,80€** se il reddito complessivo (comprensivo del reddito assoggettato al regime della cedolare secca) supera i 15.493,71€, ma non supera i 30.987,41€.

Ai fini della detrazione devi essere titolare di contratto di lavoro dipendente.

Detrazione per gli studenti fuori sede

Gli studenti universitari fuori sede, che studiano in una provincia diversa da quella di residenza o in un'università più di 100 km di distanza dal proprio Comune di residenza possono detrarre il canone di locazione fino a un **massimo di 2.633€ all'anno**. La detrazione consiste nel recupero del 19% dell'importo sostenuto e, quindi, un massimo di 500€.

Agevolazioni per i contratti a canone concordato "3+2"

Per i contratti di locazione a canone concordato non assistiti è necessaria un'attestazione per ottenere le seguenti agevolazioni fiscali:

- **Per il proprietario:** aliquota della cedolare secca del **21%** sul canone di locazione annuo stabilito dalle parti. È prevista un'aliquota ridotta al 10% per i contratti di locazione a canone concordato relativi ad

CONCLUSIONI

Attraverso la lettura di questo libro hai acquisito una solida base di conoscenze sulle leggi e le norme che governano i contratti di locazione, consentendoti di affrontare con maggiore sicurezza e consapevolezza il processo di ricerca, stipula e gestione di un affitto.

Hai imparato l'importanza di leggere attentamente i contratti di locazione, comprendendo i diritti e gli obblighi sia del locatore che dell'inquilino.

Hai scoperto le modalità di calcolo e di aggiornamento dell'affitto, nonché le tutele previste per entrambe le parti in caso di controversie o inadempienze.

Inoltre, hai acquisito conoscenze sulle pratiche di disdetta, sfratto e rinnovo dei contratti di locazione, imparando a navigare tra i vari adempimenti burocratici e le tempistiche da rispettare.

Abbiamo scritto questo libro anche per fornirti strumenti pratici e utili per affrontare situazioni delicate come l'aumento dell'affitto, le riparazioni e la gestione delle spese condominiali.

Hai appreso i diritti e le responsabilità relative alla manutenzione dell'immobile e hai compreso l'importanza di una comunicazione efficace tra locatore e inquilino per evitare incomprensioni e conflitti.

Ma lo scopo di questo libro è anche un altro: quello di incoraggiarti ad essere un inquilino informato, consapevole dei propri diritti – e di come difenderli, se necessario – quanto dei propri doveri.

Conoscere la legge non serve a trovare una scappatoia a situazioni controverse, ma ad agire in modo etico e rispettoso nei confronti del locatore e – quando presenti – degli altri coinquilini, promuovendo un clima di convivenza armoniosa e serena.

«La legge è la misura che separa il diritto dall'ingiustizia» – Aristotele.

Siamo fieri di averti accompagnato in questo percorso. Sembrava difficile, ma alla fine ce l'abbiamo fatta, no?

RINGRAZIAMENTI

Grazie a Maria Beatrice Alonzi (Bea) e a Francesco Guglielmi per il loro lavoro, aiuto, sostegno incondizionato e dedizione. Siete stati fondamentali per la realizzazione di questo libro. La vostra professionalità, amicizia e impegno sono stati di inestimabile valore.

Un ringraziamento speciale va a Nancy Gamih, che con pazienza ha sempre risposto alle mie lunghe e interminabili e-mail, trovando le parole giuste al momento giusto. Grazie, Nancy, per il tuo contributo prezioso.

Esprimo un amore infinito a mio figlio Filippo, mio critico e sostenitore preferito, e al mio compagno di vita e collega Andrea.
Senza di voi, NAIGO non esisterebbe.
Siete stati al mio fianco ogni giorno, anche quando pensavo di non farcela, e mi avete amata per come sono. Grazie di cuore.

Grazie a mio padre, a mia sorella Claudia e a Riccardo, che non hanno mai dubitato di me.

Un ringraziamento speciale va a tutti i follower e coloro che seguono NAIGO (@aziendedigitali) su ogni piattaforma social. Il vostro sostegno, i vostri commenti e il vostro affetto sono stati una grande fonte di ispirazione per me e hanno contribuito a rendere questo libro una realtà.

Infine, rivolgo un pensiero speciale a mia madre: se fosse qui, sarebbe sicuramente molto orgogliosa di me.

Barbara Nannerini

www.ingramcontent.com/pod-product-compliance
Lightning Source LLC
Chambersburg PA
CBHW050905260726
48660CB00001B/32